István Tisza

Von Sadowa nach Sedan

István Tisza

Von Sadowa nach Sedan

ISBN/EAN: 9783955641238

Auflage: 1

Erscheinungsjahr: 2013

Erscheinungsort: Bremen, Deutschland

@ EHV-History in Access Verlag GmbH, Fahrenheitstr. 1, 28359 Bremen. Alle Rechte beim Verlag und bei den jeweiligen Lizenzgebern.

Von Sadowa nach Sedan

vom Grafen Stefan Tisza,
königl. ungarischen Ministerpräsidenten.

Autorisierte Übersetzung aus dem Ungarischen
von
Dr. J. Schwartz.

———

1. und 2. Tausend.

Verlegt bei Ed. Strache, Warnsdorf i. B.
1916.

Vorwort.

Mit der vorliegenden Studie hat der ungarische Ministerpräsident seiner Nation die Entwicklung des deutschen Reiches unter Preußens Führung geschildert. Mit seltener Kenntnis aller diplomatischen Verwicklungen jener Zeit zeigt er seinen Landsleuten die Evolution eines nationalen Staates und indem er Bismarck als führenden Staatsmann ein neues Denkmal errichtet, stellt er dem Leser den Gang der Ereignisse in einer Weise dar, welche gerade jetzt einer bestimmten Aktualität nicht ermangelt.

Die Studie charakterisiert außerdem die große innere Verlogenheit und sittliche Verderbtheit des zweiten napoleonischen Kaiserreiches in so prägnanter Weise, daß man nur für Napoleon III. Poincaré, für Ollivier Viviani, für den Herzog von Gramont Delcassé und für Le Boeuf Millerand zu setzen braucht, und die Geschichte der Entstehung des deutschfranzösischen Krieges 1914/1916 ist geschrieben. Die Worte des großen Römers, Julius Cäsars (de bello gallico, IV., 5) haben sich leider wieder bewahrheitet: „De summis saepe rebus consilia ineunt, quorum eos in vestigio poenitere necesse est, cum incertis rumoribus serviant". Die Epigonen sind nicht besser als die Väter.

Sarajevo, im März 1916.

Dr. J. Schwartz,
Regierungssekretär in Sarajevo.

I.

Das zweite Kaiserreich hatte mit dem Pariser Kongreß, der nach der siegreichen Beendigung des Feldzuges in der Krim tagte, den Höhepunkt seines Glanzes und seiner Macht erreicht. Die Position Napoleons III. in Frankreich schien unerschütterlich. Der Sprößling der Revolution zähmte eine Mutter, die ihn geboren, schuf Ordnung und Ruhe, unterwarf Frankreich, diesen gefürchteten Feuerherd aller Umsturzbewegungen, mit der eisernen Faust einer militärisch disziplinierten Einzelherrschaft.

Die skeptischesten Kritiker des Dezemberstaatsstreiches zogen den Hut vor diesem Erfolge. Im Tone der Anerkennung, der Bewunderung, fast der Sympathie, begannen von dem Kaiser auch diejenigen zu sprechen, die seine Thronbesteigung mit dem verletzendsten Spotte und Hasse begleiteten.

Mit dem Gefährlichsten dieser hatte er abgerechnet. Zar Nikolaus, der Hüter der Legitimität, die felsenfeste Stütze der vor der Revolution zitternden Herrscher, der glänzende Schild der heiligen Traditionen, der große Autokrat, der mehr als drei Jahrzehnte in Europa geherrscht hatte, lebte nicht mehr. Vor seinem Tode mußte er die Niederlage seiner für unbesiegbar gehaltenen Heere und den endgültigen Sturz des Systems der heiligen Allianz erleben.

Die erfolgreiche Belagerung Sebastopols ließ die militärische Macht des Bonapartismus in furchtbarem Lichte erscheinen. Die während dieses langen Krieges entwickelte diplomatische Gewandtheit des Kaisers und eine bei dem Friedensschlusse betätigte vorausfehende Mäßigung umgaben seine Stirne mit dem Glorienscheine des Staatsmannes. Die durch die Ereignisse des Jahres 1848 in ihrem Grunde erschütterte, in Olmütz neuerlich zusammengeschweißte heilige Allianz war endgültig gesprengt. Die in der orientalischen Frage bekundete Haltung Österreichs hatte den zügellosen Haß Rußlands zur Folge und legte Zeugnis ab von jenem im Grunde der Dinge gelegenen, unabwendbaren Interessengegensatze, welcher zwischen diesen beiden Großmächten insolange bestand, als Rußland seinen Eroberungsplänen auf dem Balkan nicht entsagte. Die Haltung Preußens, das seine beiden Verbündeten zu schonen wünschte, erweckte das Mißtrauen beider und das Streben der deutschen Nation nach nationaler Einheit, die zum Bewußtsein zu erwachen begann, barg den Keim neuerlicher unvermeidlicher Konflikte in seinem Schoße.

Es scheint, als wenn in dieser sich in ihre Bestandteile auflösenden alten Welt das französische Parvenukaisertum den einzigen Gravitationsmittelpunkt bilden würde. England ist trotz der Friktionen beim Friedensschluß stolz und glücklich, daß es sich seiner Freundschaft rühmen darf. Rußland überhäuft es schon auf dem Pariser Kongreß mit ostentativen Zeichen der Verehrung. Österreich möchte in der Freundschaft mit ihm eine Stütze gegenüber der Rachsucht Rußlands und eine Beruhigung über die Sicherheit seiner italienischen Provinzen finden. Die Sehnsucht des italienischen Volkes nach Unabhängigkeit und Einheit erwartet von ihm das Heil. Das kleine Piemont, geführt vom großen Cavour, nimmt an der letzten Phase des Krieges Teil und wirft in seiner auf dem Pariser Kongreß entfalteten Tätigkeit den drohenden Schatten jenen Ereignissen voraus, welche die alte Welt in ihrem Grunde erschüttern. In dieser ganzen aus ihren Angeln gehobenen, schwankenden, wogenden

Welt fürchtet man Napoleon, jedermann erwartet alles von Napoleon. Er steht im Mittelpunkte der Begebenheiten; Hoffnung und Furcht, Sympathie und Haß, Revolution und Reaktion wenden gleichmäßig die Blicke auf ihn.

Sonderbar, aber wahr ist es, daß in diesem Wettbewerbe um die Gunst des Kaisers der Franzosen die exponierteste, kleinste und ehrgeizigste Macht am weitesten zurückbleibt. Niemand könnte so viel von Napoleon erwarten, als das in Olmütz gedemütigte und in die Fesseln seiner alten unerträglichen Lage mit brutaler Schonungslosigkeit zurückgeworfene Preußen. Von der neuen Ordnung der Dinge könnte es Genugtuung für diese Demütigung und eine solche Ausbreitung in Deutschland erwarten, die seine Existenz sichern und es für die Erfüllung der von seinen großen Königen und Staatsmännern vorbereiteten deutschen Mission fähig machen würde.

Nichtsdestoweniger bilden der geistig lebhafte, sehr begabte, aber im Zauberkreise gefährlicher Träume lebende Preußenkönig und die seine Vorurteile begünstigende, teils fanatische, teils phantastische, teils hypokritische Umgebung die einzige Regierung in Europa, deren praktische Politik noch immer der Haß gegen den Bonapartismus leitet, die den Kaiser der Franzosen wie einen Aussätzigen meidet, ihm gegenüber den Anforderungen der Höflichkeit keine Genüge leistet und ihr ganzes Streben dahin lenkt, daß sie von der in ihm ruhenden Gefahr die alten Potentaten von Europa zu retten helfe. Friedrich Wilhelm IV., Gerlach, Manteuffel und alle diejenigen, die damals die preußische Politik leiten, erblicken in Napoleon die Verkörperung des Antichrist, mit dem der fromme Depositär des von Gottes Gnaden erlangten Herrscherrechtes nicht in Berührung treten kann und trotz aller Enttäuschungen, trotz aller neuerlichen unangenehmen Erfahrungen sehen sie ihre Aufgabe in der Wiederherstellung des mit Österreich bestandenen guten Verhältnisses, des deutschen Dualismus, der in der ersten Hälfte des Jahrhunderts blühte.

Diese Regierung hat auf dem Kampfplatze der deutschen Politik in Frankfurt Bismarck vertreten. Im Jahre 1851, in seinem 36. Lebensjahre, so ziemlich als politischer Neuling, gelangt er dorthin. Erst unter der Wirkung der Ereignisse von 1847 bis 1848 tritt er aus dem Dunkel der völligen Unbekanntheit hervor; damals erscheint eine markante Individualität im preußischen Landtag und erregt mit Bewunderung und spöttischem Zweifel gemischte Aufmerksamkeit als unerschütterlich mutiger, scharf denkender, leidenschaftlicher, übertreibender, nicht weitblickender Ritter der ultrakonservativen preußischen Junkerauffassung, der mit der feudalen Anhänglichkeit des brandenburgischen Junkers seinem Herrscher ergeben ist. Als Reichskanzler erblickt er noch in diesem seinen Lehensherrn, den Kurfürsten von Brandenburg.

Die Rehabilitierung der in den Kot gezerrten königlichen Macht, der Kampf gegen die Revolution und das Bündnis mit Österreich sind die Angelpunkte seines politischen Denkens. Mit Jubel begrüßt er den Sturz der preußischen Politik von Radowitz, welche die deutsche Einheit ohne Österreich anstrebt. — Olmütz erweckt auch keine bitteren Gefühle in seiner Seele; über jeden anderen Eindruck herrscht die Freude über die endgültige Niederwerfung der Revolution und über die Wiederherstellung der alten Ordnung vor. Durch diese Grundsätze und durch die kühne, frappante Verkündung derselben, zieht er die Sympathie und Aufmerksamkeit seines Königs auf sich, der, wie er selbst sagt, diesen Anfänger in der Politik nach Frankfurt entsendet, um in dieser Schule der hohen Politik zu lernen.

Diese Ernennung hat überall allgemeine Verwunderung erregt.

„Haben Sie Mut gehabt anzunehmen?" fragte der König den sich für die Ernennung bedankenden Bismarck.

„Weshalb hätte ich keinen Mut anzunehmen, wenn Majestät Mut hat, mich zu ernennen", war die Antwort des Anfängerdiplomaten.

Im Sommer 1851 tritt er seine Stelle an. Schon seine aus den ersten Tagen datierten Briefe und Berichte legen über zwei Dinge Zeugnis ab. Der wichtigtuende Müßiggang der Diplomatie erfüllt ihn mit Verwunderung und spöttischer Geringschätzung. „Nur mit Lappalien mühen sich hier die Menschen ab," schreibt er seiner Frau, „und diese Diplomaten mit ihrer wichtigtuenden Kleinigkeitskrämerei halte ich für viel lächerlicher, als den mit dem Bewußtsein seiner Würde erfüllten Abgeordneten. Wenn nicht außerordentliche Ereignisse dazwischentreten — diese können wir hyperweisen Bundestagsmenschen weder voraussehen, noch lenken — so weiß ich gewiß, daß ich, was wir während zwei oder fünf Jahren schaffen werden, in 24 Stunden machen würde, wenn nur die übrigen einen ganzen Tag gescheit und wahrhaft sein würden. Niemals habe ich in Zweifel gezogen, daß alle mit Wasser kochen, daß aber ihre Suppe eine solche schwache Wassersuppe ist, in welcher kein einziges armseliges Fettäugchen zu finden ist, überrascht mich dennoch. Ich schreite auch fort in der Kunst, mit vielen Worten nichts zu sagen. Ich schreibe Berichte von vielen Bögen, welche schwungvoll dahinfließen, als wenn sie Leitartikel wären und wenn Manteuffel nach ihrer Durchlesung sagen kann, was in ihnen ist, so weiß er mehr als ich. Jeder von uns stellt sich, als wenn er von dem andern glauben würde, daß er voll mit Plänen und Gedanken ist, obzwar jeder von uns ebenso wenig weiß, wie der andere, was aus Deutschland werden soll. Der malitiöseste Demokrat würde nicht glauben, wie viel Scharlatanerie und Wichtigtuerei in dieser Diplomatie steckt." Noch im Monat Mai schreibt er jenen Bericht an Manteuffel, worin die österreichischen Diplomaten beim Bunde mit meisterhafter Hand und mit dem überlegenen Spotte des jede Pose und Wichtigtuerei geringschätzenden Genies charakterisiert sind.

Mit dieser raschen Enttäuschung über den Wert der Menschen und des Berufes geht auch Hand in Hand die richtigere Beurteilung der politischen Wichtigkeit des Bundes und der Lebensfähigkeit der österreichisch-preußischen Entente. Einen Monat nach seiner Ankunft schreibt er an Manteuffel: „Schon bei meiner Ankunft habe ich nicht viel Erfolg von der Tätigkeit des Bundestages erwartet, aber auch diese bescheidene Erwartung hat sich seither beträchtlich vermindert. Wir müssen zweifellos ehrlich die Probe machen. Ich glaube aber, wir werden uns früher oder später überzeugen, daß wir deutsche Politik im Rahmen des Bundes nicht machen können, sondern daß wir unsere diesbezüglichen Bestrebungen in besonderen auf die Zollpolitik, Gesetzgebung und auf das Wehrsystem bezughabenden Abkommen suchen müssen." Nach dreijährigem Aufenthalte in Frankfurt schreibt er in einem Momente der Unlust, daß er sich langsam der Stimmung der vollständigen Gleichgültigkeit überlasse, nachdem er sich schmeicheln kann, daß er den Bund schön langsam zum vernichtenden Bewußtsein seiner eignen Wertlosigkeit gebracht hat.

Mit diesen Erfahrungen hält seine Ernüchterung von den Illusionen der österreichischen Freundschaft Schritt.

Die präsidiale Präpotenz von Thun und sodann von Protesch verletzt tief sein preußisches Selbstbewußtsein und erregt ihn zu scharfem Widerstande. Es entstehen in ihm aber viel tiefer gehende objektive Zweifel in bezug auf die Möglichkeit einer einverständlichen Kooperation mit der österreichischen Regierung. Dieses Bedenken gelangt ziemlich deutlich in seinen ersten Berichten zum Ausdrucke und verstärkt sich sodann stufenweise, bis er schließlich in jenen seine Wahrnehmungen und sein auf diese gestütztes politisches Glaubensbekenntnis zusammenfassenden großen Berichten, welche er in der letzten Zeit seines Frankfurter Wirkens nach Berlin schickt, mit wahrhaft verblüffender Kraft und Voraussicht die Überzeugung zum Ausdrucke gelangen läßt, daß Preußen die gründliche Abrechnung mit Österreich nicht vermeiden kann.

In seinen Berichten vom 26. April 1856, vom 4. Feber 1857 und vom März 1858, befaßt er sich eingehend mit dieser Frage. Er führt aus, daß die Voraussetzung des einverständlichen Vorgehens der beiden deutschen Großmächte die stillschweigende Übereinstimmung gewesen ist, daß Österreich die Führung des deutschen Bundes an Preußen überlassen, während dieses tauschweise die europäische Politik Österreichs unterstützt hat. Dies war die Lage bis zu den Ereignissen von 1848, welche den Gegensatz zwischen der preußischen und österreichischen deutschen Politik hervorgerufen haben. Nach scheinbarer Glättung dieses Gegensatzes klammert sich Österreich neuerlich an die Politik Schwarzenbergs, welche die Führung auch in den deutschen Angelegenheiten beansprucht und Preußen auf die zweite Stelle herabzudrängen wünscht. Dies macht die friedliche Erhaltung des deutschen Dualismus unmöglich, dies macht den Bund für Preußen wertlos, sogar gefährlich, weil die für ihre Unabhängigkeit in erster Reihe von Preußen fürchtenden Mittel- und Kleinstaaten unter dem Schutze Österreichs Zuflucht suchen und diesem unter allen Umständen die Mehrheit auf dem Bundestage sichern. Preußen müsse eben deshalb seine deutsche Politik und die Erfüllung seiner Mission Deutschland gegenüber nicht im Bunde, sondern außerhalb des Bundes suchen. Die Interessen, Traditionen und Bestrebungen Preußens auf dem Gebiete der deutschen Politik stehen im Gegensatze zu den Interessen der kleindeutschen Regierungen, sind aber identisch mit dem Interesse der Völker. Preußen müsse daher nicht in der Sympathie der Regierungen, sondern der Völker seine Machtquellen suchen. Zu diesem Zwecke müsse es eine freiere und modernere Politik befolgen. Der preußische König ist der einzige kontinentale Herrscher, der des Schutzes der Bajonette nicht bedarf, daß er sich in seinem Lande in Sicherheit fühle. Seine Macht beruht auf solchen sicheren Grundlagen, daß sie eine freiere Tätigkeit der Volksvertretung gestatte, als die der anderen kontinentalen Herrscher. In Preußen kann mehr politische Freiheit mit dem Ansehen der Regierung vereinbar sein, als in den übrigen deutschen Staaten. Man muß daher die freie Diskussion der Fragen, welche die deutsche Nation beschäftigen, im Abgeordnetenhause und in der Presse gestatten, die Führung auf dem Gebiete der deutschen nationalen Bestrebung an sich reißen, vor jeder Vergrößerung des Wirkungskreises des Bundes sich starr verschließen, gegen jede Majorisierung protestieren und auf dem Wege besonderer Abkommen mit den benachbarten Kleinstaaten die Macht Preußens und die Sache der deutschen Nation vorwärts bringen.

Wie in der deutschen Politik, muß sich Preußen auch in den internationalen Beziehungen von dem österreichischen

Bündnisse emanzipieren. Er führt schon im April 1856 aus, daß der Schwerpunkt der europäischen Politik nach Paris verlegt werde. Jedermann macht Frankreich den Hof, sucht die Gunst Frankreichs.

Eine Großmacht, die mit Frankreich kein gegensätzliches Interesse hat, ist das russische Reich. Das französisch-russische Bündnis ist eine natürliche, daher notwendige Entwicklung, die früher oder später eintreten muß.

Napoleon ist nicht zum Feldherrn geboren; Krieg muß er nur deshalb führen, damit er sein Prestige vor der französischen Nation aufrechterhalte und seinen Thron sichere. Zur Erreichung dieses Zieles wird er bestrebt sein, irgend eine Frage offen zu halten, welche den Keim eines in irgendwelchem Momente erregbaren Konfliktes in sich birgt. Als solche erscheint jetzt die italienische Frage, deren Stellung auf die Tagesordnung die zwischen Rußland und Österreich eingetretene Erkaltung fördert. Österreich sucht dieser Gefahr gegenüber im deutschen Bunde und in Preußen ein Bündnis. Es wäre Feigheit, an dem Siege zu zweifeln, wenn die Kraft der ganzen deutschen Nation und Österreichs im ehrlichen verläßlichen Bündnisse vereint, mit ganzer Machtentfaltung sich dem französisch-russischen Bündnisse entgegenstellen würde. Ist aber ein solches ehrliches Bündnis denkbar, da dem Verhältnisse zwischen Österreich und Preußen jede Voraussetzung des wechselseitigen Vertrauens, der Interessengemeinschaft mangelt? Im Kriegsfalle würde die Last und das Risiko in erster Reihe Preußen beschweren. Die kleinen deutschen Staaten würden an diesem Kampfe nur dann treu teilnehmen, wenn sich auch Rußland dem Bündnisse anschließen würde und sie ihren Rücken von Osten gedeckt wissen würden. Heute ist aber unter den Gesandten der Kleinstaaten kein einziger, der dem französisch-russischen

Bündnisse gegenüber seine Pflichten für den Bund ernst nehmen würde und „Wir Bundestagsgesandte" wie er sagt, „bedürfen des ganzen Ernstes der gut erzogenen römischen Auguren, daß wir unter solchen Verhältnissen von dem Bundeskriege als einer ernsten Möglichkeit sprechen sollen."

Die mit den Existenzinteressen Preußens sich bewußt in Gegensatz stellende deutsche Politik Österreichs macht auch das aufrichtige Bündnis zwischen diesen zwei deutschen Großmächten unmöglich. Jede von ihnen würde die Erstarkung der anderen mit scheelen Augen ansehen und auch in dem gemeinschaftlich geführten Kriege müßten sie danach trachten, daß derselbe für den Bundesgenossen von keinem Vorteile sei. Im Falle eines siegreichen Krieges, würde sich wiederholen, was wir auf dem Wiener Kongresse erlebt haben, und Österreich wäre der erste Staat, der schon beim Friedensschlusse mit unseren gestrigen Feinden gegen uns zusammenspielen würde. „In dieser politischen Lage ist Deutschland für uns beide zu eng. Wir pflügen beide dasselbe streitige Feld und insolange, als wir keine klare Lage geschaffen haben, ist Österreich der einzige Staat, welchem uns gegenüber ein bedeutender Schade oder ein namhafter Vorteil erwachsen kann. Den deutschen Dualismus mußte seit Karl V. in jedem Jahrhunderte ein gründlicher Krieg regeln. Die Zeit ist auch jetzt nicht ferne, da wir unsere Existenz in einem mit Österreich geführten Kriege verteidigen müssen und wir versuchen vergeblich, denselben zu verhindern, weil die natürliche Entwicklung der deutschen Angelegenheiten keine andere Lösung kennt. Bei diesem Stande der Dinge wäre es ein Wahnsinn, in einem für Österreich geführten Kriege unser Leben aufs Spiel zu setzen. Dieser Gefahr müssen wir durch die Offenhaltung der Möglichkeit eines anderen Bündnisses vorbeugen. Dieser eventuelle Bundesgenosse kann aber in erster Reihe Frankreich sein."

Eine ganze Rüstkammer aus der Geschichte entnommener Argumente führt Bismarck ins Treffen, um den zweifachen Haß seines Königs gegen die Franzosen und die Bonapartes zu entwaffnen. Ist das französische Kaisertum revolutionären Ursprungs? fragt er sich selbst. Welche europäische Großmacht gibt es aber, in deren entfernte Vergangenheit nicht mehr oder weniger Unrecht vermengt wäre? Schöpfen die Herrscher Englands, Belgiens, Portugals, Spaniens und anderer Staaten nicht aus revolutionären Tatsachen ihren Rechtstitel und wo ist die Grenze, bei welcher der revolutionäre Ursprung seine disqualifizierende Wirksamkeit verliert? Die Bonapartes haben die Revolution nicht gemacht; im Gegenteile, sie wollten sie bezwingen, beendigen und auch heute steht das französische Kaisertum der Hydra der Revolution gegenüber, welche England auf die Herrscher des Kontinentes zu hetzen bestrebt ist. Ludwig, XIV., XV. und XVI. haben für die Revolution mehr gewirkt, als alle Bonapartes zusammengenommen. Es ist übrigens ein ganz neuer und nur seit der französischen Revolution aufgegriffener Grundsatz, daß wir in unseren Bundesgenossen die Legitimität ihrer Macht suchen sollen. „Kümmern wir uns um die legitimen Rechte unseres Königs" — sagt er auch in einem an Roon 1861 geschriebenen Briefe, „scheren wir uns aber nicht um die Rechte anderer Herrscher. Meinem König bin ich treu vom Scheitel bis zur Sohle, aber absolut gleichgültig gegenüber den legitimen Rechten anderer Herrscher und ich würde unsere auswärtige Politik von dynastischen Sympathien ganz unabhängig machen."

Von dem Bündnisse mit den Bonapartes kann auch ihre Eroberungspolitik nicht abhalten; dieses Streben lebt auch in der Seele der legitimsten Herrscher. Es kann gar nicht im Interesse Napoleons stehen, Eroberungskriege zu führen, welche nicht ihm, sondern seinen glücklichen Feldherrn den Lorbeer verschaffen würden. Weshalb sollen wir also in Napoleon die Verkörperung der Revolution und der Eroberung erblicken? Weshalb sollen wir ihn aus der Familie der europäischen Herrscher proskribieren, weshalb soll es sündhafter sein, mit ihm in freundschaftlichem Bündnisse zu leben, als mit dem an der Spitze der revolutionären Propaganda stehenden England? Selbst wenn die Erreichung anderer Intimitäten unser Endziel wäre, dieses Ziel können wir schwerlich anders erreichen, als durch die Wirklichkeit oder den Schein des französischen Bündnisses. Nur hiedurch können wir Österreich zum Aufgeben der deutschen Pläne Schwarzenbergs zwingen, so daß, wenn wir auch mit Österreich ein Bündnis anstreben würden, wir mit Frankreich beginnen müssen, damit wir Österreich von der Notwendigkeit der ehrlichen Auseinandersetzung mit uns überzeugen können. Eine passive Politik können wir im Mittelpunkt von Europa nicht befolgen. Wir müssen uns auf die Rolle des Hammers vorbereiten, wenn wir nicht wollen, daß wir als Amboß benützt werden. Wir werden freilich im Bündnisse mit jeder anderen Großmacht verhältnismäßig schwach erscheinen. Hieran können wir insolange nichts ändern, als wir nicht stärker werden, als wir gegenwärtig sind. Nach all dem Gesagten erteilt er nicht den Rat, daß Preußen mit Napoleon ein Bündnis schließe, sondern nur, daß es die Möglichkeit eines solchen offen halte und Napoleon gegenüber etwas mehr kostenlose Freundlichkeit bezeuge.

Dies ist das politische Glaubensbekenntnis des jungen Frankfurter Gesandten in kurzem trockenen Auszuge, der die betreffenden Akten der in ihnen pulsierenden Urkraft beraubt. In der Beleuchtung der Lehren der späteren großen Zeiten erregen diese Gedanken eine wahrhaft verblüffende Wirkung. Der ganze Bismarck steht vor uns. In großen Umrissen zeichnet er uns die im Schoße der Zukunft gelegenen Ereignisse und weist den Weg, auf dem er inmitten vieler Aufregungen, Gefahren und Krisen mit selbstbewußter Sicherheit zu dem im vorhinein gesteckten Ziele fortschreitet, zu der durch Preußens Größe verwirklichten deutschen Einheit.

Er muß noch die schweren Jahre der halben Ungnade, der Übergehung, der tatenlosen Grübelei durchhalten, bevor er das Gebiet der Aktion betreten kann. Friedrich Wilhelm wird regierungsunfähig. Die Ausübung der königlichen Macht übernimmt Wilhelm erst als Regent, dann als König. In den ersten Jahren seiner Regierung macht er Versuche mit liberalen und austrophilen Regierungsmännern. Der durch seine austrophoben Tendenzen verdächtig gewordene Bismarck wird zum Botschafter in Petersburg ernannt, damit man ihm vom Mittelpunkt der deutschen Politik entferne. Erst nach vier schweren Jahren nähert sich die Fülle der Zeiten.

Die innere Krise des preußischen Staates ruft sie hervor, eine Krise, die mit Bismarcks Bestrebungen in innerem Zusammenhange steht und deren ersprießliche Lösung die Voraussetzung seiner auswärtigen Erfolge ist. Wie wir gesehen haben, beklagt er sich in seinem Berichte aus dem Jahre 1857, daß Preußen in jedem Bündnisse insolange schwach erscheinen wird, als es seine eigene Kraft nicht entwickelt. Als wenn er schon damals empfunden hätte, daß die militärische Macht Preußens für die Durchführung seiner ehrgeizigen Pläne ungenügend sei und seine auswärtige Politik die bedeutende Erhöhung der preußischen Wehrmacht erheische. Deren Fortentwicklung nimmt der preußische König Wilhelm in die Hand, hieran arbeiten jene großen Militärs, welche damals, noch ganz unabhängig von Bismarck und nichts wissend von seinen politischen Bestrebungen, ihre Mission um die Entwicklung der preußischen Wehrmacht erfüllen. Über diese Aufgabe stürzen jene Staatsmänner, welche Bismarck vom Ruder der Regierung ferne gehalten haben, zum neuerlichen Beweise jener großen geschichtlichen Wahrheit, daß Individuen, welche entgegengesetzte Grundsätze, Gefühle, Sympathien und Bestrebungen besitzen, auf unsichtbares Geheiß einer höheren Macht unbewußt wider ihren Willen für dasselbe gemeinschaftliche Ziel arbeiten, dessen Verwirklichung in einem gegebenen Momente sich als historische Notwendigkeit erweist. Bismarcks Gegner inaugurieren die Verwirklichung der preußischen Militärreform, die notwendige Voraussetzung seiner Politik. Sie stürzen über die hieraus entstandene preußische Verfassungskrise und sie machen zur unaufschiebbaren, gebietenden Notwendigkeit, daß der in die Enge getriebene König sich an ihn als letzte Zuflucht wendet.

Lange hat Wilhelm I. gezögert, bis er diesen Schritt unternommen hat. Instinktmäßig war er dem Ehrgeize Bismarcks abgeneigt. Er befürchtete, daß er den preußischen Staat in Abenteuer verwickeln und die Dynastie in Gefahr stürzen werde. Roon mußte ein ganzes Jahr allen seinen Einfluß aufbieten, um die Skrupel des Königs zu besiegen, welche im Monate Oktober 1862, als sich ihm schon die Möglichkeit jedes anderen Weges verschlossen hatte, Bismarck an die Spitze der Regierung gestellt hat. Die Verfassungskrise wühlte aufs beste. Die Wehrreform wurde aber durch einen eigenmächtigen Vorgang verwirklicht. Es stand so ziemlich jenes preußische Heer fertig, das durch seine blendenden Erfolge die Welt in Staunen versetzt hat. Mit diesem für alles fähigen Werkzeuge in der Hand, wurde der Raum für Bismarck frei, er konnte, gestützt auf das französische Bündnis oder auf den Schein desselben die Abrechnung mit Österreich beginnen.

II.

Die Überwindung der Schwierigkeiten des Anfanges und die Vorbereitung der auswärtigen Aktion nehmen die zwei ersten Jahre seiner Regierung in Anspruch. Der polnische Aufstand im Jahre 1863 bietet sich als unerwartete Gelegenheit zur Befestigung der russischen Freundschaft dar. Die durch die Intervention der Westmächte und durch die zweideutige Haltung Österreichs erbitterte russische Regierung findet nur in Preußen Hilfe und Unterstützung und sie gewährt tauschweise der preußischen Politik sichere Rückendeckung in den krisenhaften Wendungen der folgenden aufregungsvollen Jahre. Der mit Österreich gemeinschaftlich geführte dänische Krieg verschafft den beiden deutschen Mächterivalen gemeinschaftlichen Besitz, macht sie zu Miterben. Zwischen Miterben finden sich aber zahllose Gelegenheiten für Prozesse, Zwiste und Abrechnungen. Diese Tatsache stellt die österreichisch-preußische große Abrechnung auf die Tagesordnung. Sie macht auch das Problem der preußisch-französischen Allianz wahrhaft aktuell. Seit dieser Zeit konzentriert sich das ganze Streben Bismarcks darauf, daß die Haltung Napoleons die österreichfeindliche preußische Politik nicht unmöglich mache. Der junge Frankfurter Gesandte hat die These aufgestellt. Der mit seinem Parlamente einen erbitterten Kampf führende Ministerpräsident muß sie jetzt lösen.

Napoleon und Frankreich sind freilich 1864 nicht mehr das, als was sie sich auf dem Pariser Kongresse gezeigt haben. Die nach dem äußeren Scheine urteilende Menge nimmt den Verfall noch nicht wahr, am Grunde der Dinge nagt jedoch der Wurm, langsam, kaum wahrnehmbar, aber umso zerstörender zeigen sich die ersten Symptome der Verwitterung, des Verfalles, der Auflösung.

Der italienische Krieg vom Jahre 1859 umgibt noch mit dem Glorienscheine zweier blutiger Siege das Kaiserreich und versetzt das Land in einen Siegesrausch. Der Krieg birgt aber die furchtbaren Keime späterer Gefahren in sich. Durch seine italienische Politik gelangt Napoleon mit seinem Werke, mit seinen sichersten Stützen in Gegensatz. In Frankreich war er der Held der Reaktion, der Hüter und Beschützer der Tradition, der Religion, des Eigentums, welcher die Klerikalen und konservativen Elemente der französischen Nation um sich geschaart hat. Diese betrachten vom ersten Augenblicke an mißtrauisch die italienische Politik des Kaisers. Sie hassen das mit den 1848er revolutionären Bestrebungen verbündete Piemont, sie sehen erschrocken, wie die Garibaldis das Werk ihres Kaisers vervollständigen und wie unter dem Schutze Frankreichs auf den Trümmern legitimer Herrscher und der päpstlichen weltlichen Herrschaft die revolutionäre Macht des italienischen Königtums emporsteigt.

Dieser Gegensatz zwischen der französischen und italienischen Politik Napoleons hat eine ganze Reihe weiterer Verwicklungen zur Folge und läßt seine verhängnisvolle Wirkung bis zum Sturze des Kaisertums fühlen. Die Rücksicht auf die französischen Katholiken zwingt Napoleon, daß er wenigstens Rom für das Papsttum sichere. Auf diese Weise gelangt er mit den italienischen Einheitsbestrebungen in Gegensatz und beraubt sich aller Früchte der für die italienische Einheit gebrachten großen Opfer. Mit dem, was er für Italien getan hat, entfremdet er sich seinen sichersten Anhängern und weil er aus Rücksicht für diese nicht alles tut, geht er auch des Dankes der italienischen Nation verlustig.

In der Mitte der sechziger Jahre ist die Sache freilich noch nicht so weit gediehen. Venedig war in österreichischen

Händen und die italienischen Bestrebungen bezweckten vorerst dessen Erwerbung, in welcher Aktion ihnen Napoleons ganze Unterstützung zur Verfügung stand. Mit den Traditionen der französischen Politik und mit der Auffassung der großen Mehrheit der französischen Nation bringt ihn auch dies in Gegensatz. Die französische Nation hat schon zu Beginn der Neuzeit einen einheitlichen nationalen Staat bilden können und seit der Mitte des 17. Jahrhunderts konnten die zentralisierte Staatsgewalt und die fürstliche Autokratie mit vollem Gewichte auf ihre in kleine Staaten atomisierten Nachbarn lasten. Mit Frankreich konnten nur europäische Koalitionen den Kampf aufnehmen; seinen unmittelbaren Nachbarn, den kleinen deutschen und italienischen Staaten gegenüber konnte es sich im absoluten Übergewichte fühlen. Seit dieser Zeit ist es eine nur durch die Welteroberungspolitik Napoleons I. unterbrochene Tradition der französischen Politik, den zersplitterten Zustand der zwei benachbarten Nationen und ihr Übergewicht über die an ihren Grenzen gelegenen Staaten aufrecht zu erhalten.

Dies ist ohne jede Schwierigkeit durchführbar, solange das nationale Selbstbewußtsein des deutschen und italienischen Volkes und ihre auf Staatenbildung strebende Unabhängigkeitssehnsucht schlummern und Frankreich nur der Kabinettspolitik der entfernten Großmächte, Rußland und der Habsburger, gegenübersteht.

Napoleon I. macht diesem Zustand ein Ende. Sein eisernes Joch rüttelt die Völker aus ihrer Lethargie auf. Der gegen ihn geführte siegreiche Freiheitskampf der europäischen Völker war die zauberhafte Manifestation der Erwachung, der Tatkraft, der Lebensfähigkeit der deutschen Nation. Es ist wahr, daß sodann die Kabinettspolitik neuerlich die Oberhand gewann und der Wiener Kongreß wie der Frost im Mai die treibenden Knospen des Frühlings, des nationalen Lebens vernichtete. Die Maid starb aber nicht, sie schlief nur. Die Evolution vollzog sich auf dem Grunde des nationalen Geistes weiter und seit den Ereignissen von 1848 konnte niemand mehr darüber in Illusionen leben, daß die Sehnsucht der deutschen und italienischen Nation nach Einheit eine jedes Hindernis zu durchbrechen bereite, lebende Kraft ist, welcher Platz gemacht werden muß, wenn sie nicht in Glut und Feuer erstickt wird. Diese Bestrebungen stehen im Mittelpunkte der Ereignisse. Sie leiten die europäische Politik. Vorerst muß ihnen gegenüber Frankreich mit seinem Standpunkte ins Klare kommen.

Die militärischen und politischen Führer der Nation wünschen — man kann sagen — ausnahmslos die Aufrechterhaltung der traditionellen Politik, die mit den Wünschen, Existenzinteressen der benachbarten Völker nicht rechnet, sondern auf deren Trümmern die Hegemonie über ihre unterjochten Nachbarn ersehnt und zur Erreichung dieses Zieles ein Bündnis mit den im Osten gelegenen Mächten sucht, welche jenen gegenüber fremd oder geradezu feindlich sind. Diese Richtung gelangt bei niemandem selbstbewußter, prägnanter, mit größerer Geistesschärfe und nationaler Leidenschaft zum Ausdrucke, als bei Adolf Thiers. Gegen die Politik Napoleons, welche den benachbarten Völkern gegenüber freundschaftlicher ist, richtet er seine beredten Angriffe und in diesen Philippiken erblickt die ganze französische Meinung auch heute die Inkarnation der wahren französischen Vaterlandsliebe, Voraussicht und staatsmännischen Weisheit, wie es auch zweifellos ist, daß diese Politik, wie reaktionär, wie tyrannisch, wie herzlos sie auch sein mag, ebenso logisch wie folgerichtig ist.

Rußland hat sich der italienischen und deutschen Einheit gegenüber wenigstens gleichgültig verhalten. Im Ganzen genommen, hat es auch lieber gesehen, wenn machtlose, kleinere Staaten zwischen ihm und Frankreich gelegen sind. Österreich war ein Feind der wahrhaften deutschen Einheit. In dem deutschen Bunde sucht es nicht den aktionsfähigen Exponenten der Einheit, sondern das Werkzeug, mit dessen Hilfe es seinen großen, deutschen Rivalen paralisieren, in seiner Entwicklung hemmen könne. Die italienische Einheit bedrohte aber seine schönsten, sorgsamst gehüteten, reichsten, um den Preis des meisten Blutes erworbenen und zurückeroberten Provinzen.

Nichts wäre also leichter gewesen, als für die Politik gegen die italienische und deutsche Nation das Bündnis dieser zwei Großmächte oder wenigstens deren einer zu erlangen und mit ihrer Hilfe die nach Einheit strebenden Nationen zu unterjochen. Meine Überzeugung ist, daß dies eine kurzsichtige Politik ist, welche keinen endgültigen Triumph feiern konnte. Meine Überzeugung ist, daß keine militärische Tyrannei, keine menschliche Voraussicht und Energie existieren, welche die unverwüstliche lebende Kraft hätte vernichten können, die in der Sehnsucht nach Unabhängigkeit, in dem Kampfe für die Existenz der beiden lebenswilligen, starken, jungen Nationen geborgen war. Die Sache dieser zwei Nationen mußte um den Preis vieler fruchtloser Experimente, vieler Leiden, vieles vergossenen Blutes schließlich siegen. Wenn sich aber die ihre Grenzen umgebenden feindlichen Mächte zusammenschlossen, konnten diese sie lange Zeit in Knechtschaft halten und die auf ihre Sklaverei gegründete französische Hegemonie hätte leben und herrschen können.

Gegenüber dieser Politik hätten zwei andere Wege französischer Politik zum Erfolge führen können. Wenn die Machthaber der französischen Nation mit der Tatsache rechneten, daß sie dauernd die Kraft der deutschen und italienischen Nation nicht unterdrücken können, wenn sie sich auf den höheren Standpunkt stellten, daß sie das Pfand der zukünftigen Größe Frankreichs nicht in der Zertretung dieser Nationen, sondern in der Transaktion und in dem Ausgleiche mit ihnen suchen sollen, so mußten sie von zwei Dingen eines tun.

Sie hätten diese Bewegung leiten, führen, ihr derart zum Triumphe verhelfen können, daß sie auch Frankreich unmittelbar Vorteil gebracht hätte. In den sechziger Jahren hat Preußen und das neue italienische Königtum schon eine solche militärische Macht bedeutet, daß sie mit Frankreich verbündet, mit der Macht des französischen Heeres vereint, der ganzen Kraft der konservativen Mächte hätten siegreich Widerstand leisten können. Wenn Frankreich dieses Bündnis zusammenbringt, wenn es den vollen Sieg der preußischen und italienischen ehrgeizigen Pläne sichert, kann es sich vielleicht auch das linke Rheinufer, Belgien aber gewiß verschaffen und sichert sich für lange Zeit die führende Rolle in der europäischen Politik. Die deutsche Nation hat niemals Eroberungstendenzen Frankreich gegenüber gehabt. Wenn sie ihre Einheit der Unterstützung von Frankreich verdanken kann, sichert sich Frankreich an seinen exponiertesten Grenzen für unabsehbare Zeiten volle Ruhe und Sicherheit.

Die andere Politik höherer Art und vom Interessenstandpunkte der entfernteren Zukunft weiser und voraussehender wäre folgendermaßen gewesen: Den Einheitsbestrebungen freien Lauf zu lassen, sie nicht zu hindern, aber auch für die selbstsüchtigen Ziele des nationalen Ehrgeizes nicht auszunützen.

Dies wäre jene höhere und geklärtere staatsmännische Auffassung gewesen, welche das Gleichgewicht nicht in der mechanischen Proportion der Kräfteverhältnisse, das Interesse und die Sicherheit der Nation nicht darin sucht, daß sie mehr Gebiet, Seelenzahl und Militär habe als ihre Nachbaren, sondern in der natürlichen, inneren Harmonie der Faktoren, welche das Staatsleben und die internationalen Verhältnisse lenken, darin, daß die Staatsbildungen tunlichst den natürlichen Kräfteverhältnissen der sie bewohnenden Nationen entsprechen, die Voraussetzungen der Lebensfähigkeit aller möglichst gewähren, das innere Bedürfnis der Expansion ihrer Individualität befriedigen und die Dauerhaftigkeit des Friedens dadurch sichern sollen, daß dieser ein gemeinschaftliches Interesse der in ihren berechtigten Aspirationen befriedigten Nationen ist. Ich behaupte nicht, daß dieses Problem einfach ist. Reibungspunkte der berechtigten Aspirationen der Nationen waren, sind und werden sein. Es gibt Gebiete, die ihr ethnographischer Charakter, ihre geographische Lage, volkswirtschaftliche und militärische Bedeutung, in die Interessesphäre mehrerer Nationen verweist. In bezug auf solche Gebiete kennt die Weltgeschichte nur eine Entscheidung: Die Abrechnung durch die Messung der Kräfte. Insolange, als diese Abrechnung nicht mit einem solchen endgültigen Resultate erfolgt, welches den schwächeren zur Resignation und entsprechenden Änderung seiner Aspirationen zwingt, bieten solche Punkte fortwährende Gelegenheit für Komplikationen und Kriege und setzen die Menschheit der Gefahr derselben aus. Ich behaupte jedoch, daß kein einziger solcher natürlicher Reibungspunkt zwischen der französischen, italienischen und deutschen Nation bestanden hat und daß nichts leichter gewesen wäre, als ständige Freundschaft und Frieden zwischen Frankreich und zwischen der deutschen und italienischen Nation zu verwirklichen, wenn diese ihre Unabhängigkeit und nationale Einheit erlangt hätten.

Für diesen edleren und auch im wohlverstandenen Interesse Frankreichs weiseren Standpunkt war in Napoleon die Neigung vorhanden, dem erfolgreichen Durchbruche dieser Auffassung standen aber gleichmäßig der im Charakter des Kaisers latente innere Widerspruch und die Tatsache im Wege, daß er sich in dieser Frage mit der öffentlichen Meinung der ganzen Nation im Gegensatze fühlte.

Dieser wunderbare Mann war ein seltsames Gemisch des bis zur Träumerei geklärten edlen Idealismus und der Banditeninstinkte des Eroberers. Wie auf anderem Gebiete erhebt er sich auch in seiner auswärtigen Politik bis zur idealsten Auffassung der Bestimmung, der Rechte der Völker, der Gesetze des Volkslebens, kann aber sodann der Versuchung nicht widerstehen und möchte sich für seine edle Tat wenigstens mit einem Trinkgelde bezahlt machen. Er rechnet mit den italienischen und deutschen Einheitsbestrebungen, als mit einer nicht vernichtbaren, berücksichtigungswürdigen, lebenden Kraft; stets und stets betont er seine Sympathie und streckt ihnen die helfende Hand entgegen.

Die Sache der italienischen Einheit erregt zweifellos seine Sympathie. Der Krieg des Jahres 1859 ist für ihn nicht nur eine Frage des Prestiges. Er erklärt diesen nicht nur um den Hochmut Österreichs zu beugen und der Ruhmsucht der französischen Nation Nahrung zu bieten, sondern es drängt ihn unleugbar die ganze Wärme seiner Gefühlswelt dazu.

Wie derzeit jedermann weiß, hat er nach Solferino nicht aus Unbeständigkeit, Laune oder befriedigter Ruhmsucht Frieden geschlossen und sich mit einem Teile des Resultates begnügt, das er Piemont versprochen hatte. Der kritische Zustand des französischen Heeres zwang ihn zu diesem Schritte, weil es sehr wahrscheinlich war, daß die durch schwere Verluste geschwächte Armee mangels genügender Reserven die dritte große Schlacht nicht hätte gewinnen können. Er benützt aber die italienischen den Krieg begleitenden Einheitsbestrebungen, daß er Piemont Nizza und Savoyen wegnimmt. Dies ist vielleicht auch ein Grund, daß er sich nach einigen Jahren umso uneigennütziger für den Erwerb von Venedig bemüht. In seiner dem Kriege von 1866 vorangehenden Tätigkeit dominiert dies über jeden anderen Gesichtspunkt. Dies strebt er auf den verschiedensten Wegen an. Auf dem Wege der Zustandebringung des preußisch-italienischen Bündnisses ebenso, wie durch die Transaktion mit Österreich. Für diese Transaktion ergreift er gleichfalls jede Gelegenheit und als das Anbot, daß Venedig von Österreich für Geld abgetreten werde, mit Entrüstung zurückgewiesen wird, bietet er bald Rumänien, bald das den Preußen wegzunehmende Schlesien als Tauschobjekt an.

Wie hieraus hervorgeht, nimmt das preußische Bündnis und die mit dessen Hilfe zu erkämpfende deutsche Einheit lange nicht diesen Platz in seinem Herzen ein. Er behandelt es einfach als eine Erscheinung, welche die zwei deutschen Großmächte einander gegenüberstellt, die öffentlichen Verhältnisse Deutschlands verwirrt und ihm die Möglichkeit bietet, im Trüben fischen zu können.

Zwischen 1859 und 1866 leiten zwei Ziele seine Politik: Venedig den Italienern zu verschaffen und Preußen mit Österreich derart zu verfeinden, daß der Konflikt dieser zwei Staaten Frankreich zum Richter zwischen ihnen mache, durch die wechselseitige Schwächung ihrer Kräfte Frankreich einen Kraftzuwachs verschaffe und das schwer heimgesuchte Prestige des Kaiserreiches erhöhe. Er konnte darüber nicht mehr in Illusion leben, daß das Ansehen des zweiten Kaisertumes in Verfall begriffen war. Schon der siegreiche italienische Feldzug versetzte demselben den ersten Stoß. Dieser erschütterte den Glauben in die weise Mäßigung des Kaisers, provozierte die Antipathie der konservativen Mächte, erregte in ganz Europa Unruhe. Der überraschend schnelle Friedensschluß um den Preis eines halben Erfolges erschien als Zeichen der Unbeständigkeit, der Kopflosigkeit, der Unverläßlichkeit, erbitterte die italienische Nation und führte im Endresultate dahin, daß das italienische Königtum ohne Napoleon, ja sogar gegen Napoleon Mittel- und Süditalien erwerbe. Er erwies sich unfähig, die durch ihn geweckten revolutionären Kräfte in ihre entsprechenden Geleise zurückzuführen, und als er am Schluß all dieser Dinge Nizza und Savoyen für sich beanspruchte, verlor er hiedurch die Rolle des großmächtigen Wohltäters der italienischen Nation, ohne daß der erpreßte materielle Vorteil für die erlittene, moralische Niederlage genügenden Ersatz geboten hätte. Seit dieser Zeit sehen wir immer neue Zeichen für die Bestrebung, daß er durch durchschlagende Erfolge den in Verdunkelung begriffenen Glanz des Kaiserreiches wieder herstelle. Er trachtet, jede sich darbietende Gelegenheit zu benützen, daß er bei möglichst dankbaren Standpunkten sein Wort in die Wagschale werfe, in die Ereignisse hineinspreche und den Schein aufrecht erhalte, als wenn er die Ereignisse leiten könnte. Auf diesem Gebiete erlebt er eine Enttäuschung nach der anderen.

Um nur die wichtigeren Ereignisse zu erwähnen: Die polnische Revolution vom Jahre 1863 bringt ihm eine Niederlage. Rußland weist seine Intervention zuerst in höflicher, sodann in schroffer und hochmütiger Form zurück und er gelangt auch in der Frage des Kongresses mit der an den polnischen Sympathien teilnehmenden englischen Regierung in Gegensatz. Das unglückliche mexikanische Abenteuer hat aber eine ganz andere Reihe der Enttäuschungen, Niederlagen, Demütigungen zur Folge. Nach erfolglosen, die finanzielle und militärische Kraft des Landes schwer heimsuchenden Versuchen ist er endlich gezwungen, den unglücklichen Kaiser Maximilian seinem Schicksale zu überlassen, dessen langer Kampf in verzweifelter Lage und dessen tragischer Tod das abenteuerliche, unverläßliche und für große Kraftproben unfähige Wesen der napoleonischen Politik den Augen des staunenden Europa in dramatischen Farben vorstellen.

Alle diese moralischen Schlappen vergrößern die Unruhe, Ungeduld, Ruhmsucht des Kaisers und steigern die im inneren Wesen seiner Regierung enthaltenen, weil in der Individualität des Kaisers gelegenen Schattenseiten.

Er war einer der sonderbarsten Charaktere, seine Naturanlagen, sein durch die Familientraditionen gegebener Ehrgeiz, seine vom Vater ererbte Denkweise, die jedem Einfalle folgt, potenzieren die Umstände seiner Jugend und des in Verschwörungen verbrachten Mannesabschnittes seines Lebens.

Er lernt aus dem Buche des Lebens. Eine um wieviel wechselreichere, um wieviel unmittelbarere Lektion kann er aus der Menschenkenntnis nehmen gegenüber seinen späteren Herrschergenossen! Die in der bescheidenen Zurückgezogenheit der Emigration in Vergessenheit verbrachten

langen Jahre lehren ihn kühne Träume zu spinnen und diese
sorgfältig zu verheimlichen; sie lehren ihn die geduldige
zähe Projektenmacherei, welche warten und leiden kann.
Die Minenarbeit der Verschwörungen, seine Ränke, Abenteuer und Enttäuschungen entwickeln seine Neigung zur
Heimlichtuerei, Verstellung, Zweideutigkeit und kühner
Handlungsweise, aber auch dazu, daß er Luftschlösser
baut, sie zu erreichen strebt und nach der Zerstörung des
ersten sofort das zweite zu bauen beginnt.

Diese Eigenschaften verschaffen ihm die ersten großen
Erfolge. Der Weg, wie er in den Besitz der Präsidentschaft
gelangt; das bescheidene anspruchslose und dennoch rätselhafte Gehaben im Präsidentensitze; die Geduld, mit welcher
er den Wortschwall seiner politischen Gegner zu ertragen
scheint, bis er dann im gehörigen Augenblicke durch ein gut
vorbereitetes und mit schonungslosem Zynismus vollzogenes militärisches Wagnis mit ihnen fertig wird und
in den Besitz der Macht gelangt: all das zeigt ihn als
großzügigen gefährlichen Menschen. Er versteht es, lange
den Glauben zu erhalten, daß er gut durchdachte, selbstbewußte große Pläne hat, die er mit der ganzen Folgerichtigkeit und Schonungslosigkeit des politischen Ränkeschmiedes von tiefer Einsicht zu erreichen strebt und nur
allmählich gelangen an die Oberfläche die Abenteuerlichkeit
seiner Denkweise, seine Unbeständigkeit, die sprunghafte
zerfahrene Folgewidrigkeit seiner Kraftanstrengungen und
der Umstand, daß hinter seiner zurückhaltenden, rätselhaften
zweideutigen Handlungsweise sich in sehr vielen Fällen
Unentschlossenheit, innere Schwankung, Mangel eines folgerichtigen Strebens nach großen Zielen verbergen. Die
staunende Welt beginnt erst 1866 wahrzunehmen, daß die
als tiefsinniger Machiavellismus erscheinende geheimnis-

volle Politik eigentlich das ohnmächtige Zappeln eines Menschen ist, der auch durch körperliche Leiden gequält wird, der einen gebrochenen Willen besitzt und sein Gleichgewicht verloren hat.

Hievon sind wir freilich in der ersten Epoche des österreichisch-preußischen Zwistes noch entfernt. Damals hielt man ihn noch für einen tiefsinnige Pläne schmiedenden gefährlichen Menschen und das seine Politik deckende Dunkel beunruhigt die Welt. Dieses Dunkel steigert Napoleon durch seinen beliebten Vorgang, daß er sich mit Dienern umgibt, die entgegengesetzten Tendenzen huldigen, sich gegenseitig hassen und aufeinander mißtrauisch sind. Sein Minister des Äußern, Drouyn de Lhuys, ist Vertreter der alten orthodoxen französischen Schule, der auf die Schwäche der Nachbarn gebauten Hegemonie; sein Minister des Innern, Lavalette, findet durch sein persönliches Verhältnis zum Kaiser die Gelegenheit, im Interesse der liberalen Politik, welche die Einheit der benachbarten Nationen fördert, bei mancher entscheidenden Wendung in die Räder der äußeren Politik einzugreifen. Das angesehenste Mitglied der kaiserlichen Regierung, der „Vizekaiser" gespottete Rouher scheint mehr zu der Politik des Kaisers hinzuneigen. Unter den im zweiten Kaiserreiche eine sehr wichtige Rolle spielenden persönlichen guten Freunden, die aus ihrer unverantwortlichen Stellung unausgesetzt maßgebend auf die Ereignisse Einfluß nehmen, hält Walewski mit dem Minister des Äußeren, Prinz Napoleon und die mit dem Kaiser in verwandtschaftlichem oder freundschaftlichem Verhältnisse stehenden Italiener Arese-Visconti, Pepoli und Nigra unterstützen selbstverständlich mit voller Kraft die Sache der italienischen Einheit und des preußischen Bündnisses. Damit die Lage noch verwickelter werde, repräsentiert den Kaiser zu dieser Zeit Benedetti in Berlin, ein Anhänger der fortschrittlichen Politik, den seine Parteistellung und der Umstand, daß Drouyn in ihm auch einen persönlichen Rivalen ahnt, des Vertrauens des Ministers des Äußern vollständig berauben, ohne daß er zu dem Kaiser in vertraulich persönlichem Verhältnisse stünde und auf diesem Wege die Lücken seiner amtlichen Informationen ergänzen könnte, sodaß dieser scharfblickende, klardenkende, für bedeutende Dienste fähige Mann während des größten Teiles der folgenden kritischen Epoche in gänzlicher Unorientiertheit ein zur Untätigkeit verdammter Beobachter der Ereignisse ist. Er muß sich darauf beschränken, seine Gespräche mit Bismarck, welche die Anbahnung eines innigeren Verhältnisses bezwecken, nach Paris zu melden und inzwischen durch geschickt angewandte Allgemeinheiten seine Unwissenheit zu verhüllen.

Der persönliche Verkehr zwischen der französischen und preußischen Regierung gelangt unter solchen Verhältnissen fast ausschließlich in die Hand des preußischen Gesandten in Paris, Grafen Goltz, der sich in die vertraulichste Umgebung des Kaiserpaares einzudrängen versteht und diese Situation für die Paralisierung der feindlichen Absichten der französischen Regierung mit meisterhafter Hand ausnützt. Wenn aber Bismarck unmittelbar in persönliche Berührung mit den Leitern der französischen Politik treten will, sucht er zu diesem Zwecke in Paris, sodann in Biarritz den Kaiser selbst auf.

III.

Einer solchen Situation, solchen Verhältnissen steht der preußische Ministerpräsident gegenüber, der zwischen allen Schwierigkeiten und Kämpfen der preußischen Verfassungskrise vom ersten Augenblick angefangen seine besten Kräfte der Vorbereitung seines wahrhaft großen Zieles, des durch das große Preußen verwirklichten großen Deutschlands, widmet.

Die Schwierigkeiten dieser Unternehmung scheinen unüberwindlich. Nur in einer, jedoch in der wichtigsten Frage bessert sich die Lage, die von König Wilhelm, Moltke und Roon begonnene und trotz allen parlamentarischen Widerstandes verwirklichte militärische Reform steigert die Kriegsmacht des Landes. In sonstiger Hinsicht scheint Bismarcks Unternehmung auf der ganzen Linie hoffnungslos. Neun Zehntel des Abgeordnetenhauses greifen ihn mit wildester Feindseligkeit, Spott und Geringschätzung an. Der König, für dessen Rechte er den Kampf auf Leben und Tod kämpft, zeigt ihm gegenüber mehr zweifelnde Furcht als Vertrauen. Er hält ihn für einen unruhig veranlagten, abenteuerlich gefährlichen Menschen, der das Vertrauen seines Herrschers um den Preis schwerer Arbeit von Schritt zu Schritt zu erobern gezwungen ist. Nur mit der äußersten Anspannung seiner Geduld kann er durch die ersten schwereren Etappen seiner auswärtigen Politik den in den Traditionen der heiligen Allianz aufgewachsenen König durchführen, dem im Anfange die französische Freundschaft ebenso widerlich ist, wie der Gedanke des preußisch-österreichischen Krieges. In Ansehung seines ersten vorbereitenden Schrittes der freundschaftlichen Dienste, welche er dem mit der polnischen Revolution kämpfenden Rußland erwiesen hat, ist er in voller Harmonie mit dem Könige — ohne diesen glücklichen Umstand hätte er niemals beginnen können — in den verschiedenen Phasen der schleswig-holsteinischen Frage muß er aber unausgesetzt mit den abweichenden Meinungen des Königs rechnen. Die oft hoffnungslos scheinende bittere Arbeit von zwei Jahren, die kläglichen Erfahrungen des preußisch-österreichischen Kondominiums, die Provokationen und Fehler der sich stets aggressiver gestaltenden antipreußischen österreichischen Politik waren erforderlich, daß der König sich endlich zwischen den bis zu den letzten kritischen Momenten auftauchenden Schwankungen und Seelenkämpfen für den Krieg gegen Österreich entschloß.

Die Voraussetzung dieses Krieges ist, daß Frankreich das preußisch-italienische Bündnis nicht hindere und daß der preußische Staat, der sein Schicksal Österreich gegenüber auf den Würfel setzt, sich wenigstens bezüglich seiner westlichen Grenzen in einer gewissen Sicherheit fühle. Die Bedenken des Königs erschweren fortwährend die Erreichung dieses Zieles und er kann im freundschaftlicheren Verkehre mit Napoleon bei fortwährender Nachsicht und Beruhigung dieser Bedenken nur mit der größten Vorsicht von Schritt zu Schritt fortschreiten.

Von Seite Napoleons würde freilich die Ermunterung nicht mangeln. Den Kaiser überzeugen die Ereignisse des italienischen Krieges von der Notwendigkeit der preußischen Freundschaft. Unmittelbar vor dem Friedensschluß von Villafranca drohte ihm die Gefahr der preußischen Intervention. Auf halbamtlichem Wege brachte er schon 1860 dem damaligen Prinzregenten Wilhelm zur Kenntnis, daß Frankreich es gerne sehen würde, daß die Macht Preußens wachse und daß es im deutschen Bunde zur führenden Stellung gelange. Hiefür würde Frankreich am Laufe des

Rheins eine gewisse Grenzberichtigung verlangen. Wilhelm hat auf diesen „ballon d'essai" nicht reagiert, sondern er hat, als er einige Monate später im Grenzgebiete an der Saar gewesen ist, in einer auf eine Begrüßungsansprache erteilten Antwort erklärt, er werde niemals einwilligen, daß auch nur ein einziger Fuß deutschen Bodens dem Vaterlande entrissen werde, und als dessenungeachtet Napoleon von ihm die Gelegenheit für eine Zusammenkunft erbat, hat er ihn während seiner Kur in Baden-Baden mit mehreren deutschen Fürsten zugleich dorthin eingeladen und dafür gesorgt, daß sein Verkehr mit Napoleon unter Zuziehung, Wissen und Mitwirkung seiner deutschen Bundesgenossen vor sich gehe.

Hienach tritt eine gewisse Pause in der französischen Annäherung ein. Aber die gelegentlich der polnischen Revolution gemachten traurigen Erfahrungen veranlassen den Kaiser neuerlich, mit Preußen Freundschaft zu suchen und im ersten Stadium des damals zum Ausdrucke gelangenden dänischen Konfliktes bringt er schon der preußischen Regierung zur Kenntnis, daß er nicht widerstreben würde, wenn Preußen die zwei deutschen Herzogtümer, welche von Dänemark abzufallen wünschen, erwerben würde und als Gegenwert verlange er nur, daß Preußen Österreich Venedig nicht garantiere.

In diese Zeit fallen die ersten vertraulicheren Berührungen Bismarcks mit der französischen Politik. Er verbrachte in Paris nur einen geringen Teil jener wenigen Monate, in denen er unmittelbar vor seiner Ministerpräsidentschaft in Frankreich als Botschafter gewesen ist und sein Verkehr während dieser Zeit mit Napoleon und seinen Ministern überstieg nicht die Grenze der banalen Höflichkeiten. Schon diese Gelegenheit nützt er vollständig aus und fruktifiziert zu Gunsten seiner Politik die Abneigung seines Königs gegen die Überlassung deutschen Gebietes. Er weiß, daß der französische Ehrgeiz in erster Reihe die Eroberung des linken Rheinufers anstrebt. Er gibt zu verstehen, daß er seinerseits, obzwar er in eine wesentliche Minderung Deutschlands nicht einwilligen würde, doch ein viel zu unbefangener und großzügiger Mensch sei, als daß ihn geringfügige Grenzberichtigungsfragen genieren würden. Diese Lösung der Frage hindern die Skrupel seines Königs, den er bis jetzt von der Notwendigkeit der Abtretung deutschen Gebietes nicht überzeugen konnte.

Seine ersten Annäherungen machen gerade deshalb keinen tieferen Eindruck. Im Herbste des Jahres 1864 begibt er sich zum ersten Mal nach Biarritz und trifft Napoleon nicht dort, sondern gelegentlich seiner Hin- und Rückreise in Paris. „Herr von Bismarck war hier" — verkündet Napoleon einem Vertrauten — „und hat mir alles angeboten, was nicht ihm gehört."

In der ersten Hälfte des Jahres 1865 spitzt sich der Gegensatz zwischen Preußen und Österreich immer mehr zu und während dieser Zeit benützt Bismarck jede Gelegenheit, um Benedetti von seinen französischen Sympathien zu überzeugen und um ihn zu versichern, daß er die schwebenden Fragen mit Napoleon einverständlich zu lösen wünscht. Letzterer bereitet sich auf diese Eventualität vor und erwartet Bismarcks vertrauliche Eröffnungen, als plötzlich wie ein Blitz aus heiterem Himmel den Pariser Hof die Nachricht der Gasteiner Konvention überrascht, welche einen modus vivendi zwischen den zwei deutschen Mächterivalen schafft, die Regierung Holsteins an Österreich, Schleswigs an Preußen überläßt.

In Paris bricht freilich die moralische Entrüstung mit elementarer Kraft aus. Drouyn de Lhuys schüttet seinen Zorn vor ganz Europa im Wege einer schulmeisterlichen in präpotentem Tone gehaltenen Zirkularnote aus und als Schriftführer eines höheren Areopags bricht er den Stab über dieses Verfahren der beiden Besitzer, das die Wünsche der Völker und das Recht mit Füßen tritt. Dies alles geschieht gerade zu jener Zeit, als Bismarck sich persönlich Napoleon nähern will. Er beauftragt Goltz, die Schwierigkeiten dieses Schrittes zu beseitigen. Dieser muß vor dem Kaiser der Franzosen gegen dessen Minister des Äußern Beschwerde führen, welcher durch seine Taktlosigkeit das Selbstbewußtsein des preußischen Königs tief verletzt und es Bismarck unmöglich gemacht hat, die königliche Genehmigung zu seinem Besuche in Biarritz zu erlangen. „Niemals wäre", sagt er, „die Gelegenheit hiezu günstiger gewesen, als jetzt, da der preußische König mit den Segnungen des Kondominiums mit Österreich bis zum Überdruß satt ist und die wahre Bestimmung der Gasteiner Konvention ist, König Wilhelm zu dem Genusse des österreichischen Bündnisses zu zwingen, damit er ihn von diesem endgültig heile."

Dieses Auftreten verfehlt seine Wirkung nicht. Der Kaiser gibt seinem aufrichtigen Bedauern wegen des Tones und der Kundmachung der Zirkularnote vom 29. August Ausdruck und verfügt, daß eine neuere im freundschaftlichen Tone gehaltene Zirkularnote die schädliche Wirkung der ersteren zerstreue. Unter solchen Verhältnissen steht dem Besuche Bismarcks in Biarritz nichts im Wege. Zwei Wochen verbringt er dort in der Gesellschaft des Kaisers. Während dieser Zeit verkehrt er oft mit ihm und gelegentlich seiner Heimreise reassumiert er in seiner Abschiedsaudienz, was besprochen wurde.

Hierüber legt Bismarck in seinem an seinen König erstatteten langen Bericht Rechenschaft ab. Beide waren eigentlich bestrebt, sich in Allgemeinheiten zu ergehen und einander durch Versicherung ihres Wohlwollens für eine weitere kühnere Aktion zu bewegen, ohne daß sie irgendwelche konkreten Verpflichtungen übernommen hätten. Wie Bismarck sagt: „Die reservierte Haltung des Kaisers hat nicht nur meinen eigenen Wünschen entsprochen, sondern ich mußte wollen, dieselbe auch hervorzurufen, vermöge des bestimmten Willens des Königs, daß ich jetzt noch keinerlei Verpflichtungen Frankreich gegenüber eingehe." Wie wir weiter sehen werden, hat dies auch den Intentionen Napoleons entsprochen. Sein Ziel war auch, Preußen mit Österreich in einen Kampf zu verwickeln, ohne daß er sich in irgend welcher Hinsicht die Hände binden und Schranken der französischen Politik setzen würde, die den preußisch-österreichischen Krieg für ihre eigenen Zwecke auszunützen wünscht. Beide begnügen sich eben deshalb, den Interessenverband zwischen beiden Staaten vollauf zu konstatieren, d. h. daß Frankreich mit warmer Sympathie das Wachstum der Macht Preußens betrachten und infolgedessen für sich nur in dem Falle Ansprüche erheben würde, wenn dies sich zum Zwecke der Wiederherstellung des gestörten Gleichgewichtes der Kräfteverhältnisse notwendig erweisen würde. „Für dies alles ist jetzt die Zeit noch nicht gekommen. Wollen wir die Ereignisse nicht machen", sagt Napoleon, „seinerzeit trachten wir, sie für unsere Zwecke zu verwerten. Wenn diese Zeit gekommen ist, schreibe mir der König, wende er sich vertrauensvoll an mich und wir werden einander verstehen."

Bezüglich der Kompensationen vermeidet Bismarck vorsichtig jede präzisere Erklärung. Er anerkennt grundsätzlich die Berechtigung dieses Wunsches, betont jedoch, wie er schon oft getan hat, die unbedingte Weigerung seines Königs, Frankreich preußisches Gebiet abzutreten. Er gibt den Franzosen zu verstehen, daß er, wenn es ihm auch unangenehm wäre, keinen Widerstand leisten würde, daß sie sich das am linken Rheinufer gelegene süddeutsche Gebiet nehmen sollten, suggeriert ihnen aber dennoch, daß es viel zweckmäßiger wäre, die Befriedigung ihrer berechtigten Ansprüche in der Eroberung von Gebieten mit französisch sprechender Bevölkerung zu suchen.

Napoleon verläßt Biarritz mit den besten Eindrücken und als ihm bei seiner Rückkehr nach Paris Walewski seine Bedenken vorbringt, antwortet ihm der Kaiser: „Was wollen Sie, was beunruhigen Sie sich über die Zuspitzung der Rivalität der deutschen Mächte! Wie ist es möglich, daß ihr sonst so scharfer Verstand die ganze Tragweite dieser Frage nicht erfaßt. Der Krieg zwischen Österreich und Preußen ist eine jener nicht erhofften Eventualitäten, von denen ich geglaubt habe, daß sie sich niemals verwirklichen werden und es ist wahrlich nicht unsere Aufgabe, diese kriegerischen Gelüste zu unterdrücken, welche für unsere Politik soviel gute Gelegenheiten und Vorteile sichern." Dies ist das Wesen der Politik des Kaisers, la pensée de l'empereur, wie die Franzosen sagen. Die deutschen Großmächte aufeinanderhetzen, sie zum Beginne des Krieges aneifern und wenn sie einander geschwächt haben, den Rahm dieser politischen Situation abschöpfen. Dies alles ist gepaart mit der auch über die eigene Selbstsucht dominierenden Sehnsucht, daß er den Erwerb von Venedig Italien für alle Eventualitäten sichere.

Dies kompliziert die Lage, dies verursacht ihm das meiste Kopfzerbrechen, weil die sachverständige Meinung aller Generäle ist, daß die österreichische Armee den Preußen unbedingt überlegen sei und daß der auszubrechende Krieg mit dem Siege Österreichs enden werde. Dies erklärt die doppelte Bestrebung Napoleons, daß er einerseits Preußen zu Abenteuern anspornt, andrerseits das Wohlwollen Österreichs zu erhalten trachtet und solche Verhandlungen mit der Wiener Regierung fortführt, die Venedig für alle Eventualitäten in die Hand Italiens gelangen lassen sollen.

Diese psychologischen Motive geben den richtigen Schlüssel zu den verworrenen Ereignissen der letzten Monate. Preußen nähert sich schon vor der Gasteiner Konvention der italienischen Regierung. Der preußische Gesandte Usedom interpelliert den Ministerpräsidenten La Marmora, welche Haltung er im Falle eines preußisch-österreichischen Krieges einnehme. Mit dieser Frage gelangt die italienische Regierung in den Wirbel der Ereignisse. Hiemit beginnt die internationale Rolle, auf welche die Berichte der italienischen Spieler und die bekannte Flugschrift von La Marmora („Un pio poco di Luce") eine so interessante und klägliche Beleuchtung werfen.

Cavour war gestorben und seine Nachfolger stellten eine wahrhafte Karrikatur seiner hochfliegenden großangelegten Politik dar. Sie dienten treu seinen Zielen, traten aber mit der kleinlichen kurzsichtigen Hinterlist des Krämers an die großen Probleme des nationalen Daseins heran, mit jenem possenhaften Machiavellismus, der sich umso tiefsinniger, klüger, scharfsichtiger dünkt, je mehr Schlechtes er von seinen Mitmenschen voraussetzt, je mißtrauischer er die Schritte derselben beurteilt und mit je größerem Vorrate der hyperklugen Hinterlist er sich gegen die eingebildeten Attentate derselben verteidigt. In diese Pose stellt sich La Marmora im ersten Augenblicke. Er steht wie vor einem Spiegel und ergötzt sich an seiner eigenen Größe, als er beschreibt, mit welcher vornehmen Gleichgültigkeit er die ersten vertraulichen Mitteilungen des preußischen Gesandten entgegengenommen habe, welche aber die geheime Sehnsucht seiner Seele in Wirklichkeit versetzt haben. Derselbe Ton durchdringt die Tätigkeit sämtlicher italienischen Beteiligten während der ganzen Aktion. Die Armen wollten Bismarck an Verstand übertrumpfen. „Die Viper beißt den Charlatan," schreibt während seiner Berliner Verhandlungen Govone, auf Bismarck zielend. Arme zahnlose Viper, welche in Bismarck einen Charlatan erblickt und darin ihren Stolz setzt, den künftigen Verbündeten zu betrügen.

Der Gasteiner Vertrag bewährt sich nach Bismarcks Berechnungen. Die homöopathische Arznei des Kondominiums verfehlt ihre Wirkung nicht. Die wechselseitigen Ärgernisse, Reibungen und Verletzungen nehmen solche Dimensionen an, daß in den ersten Wochen des Jahres 1866 auch König Wilhelm sich mit dem Gedanken des österreichischen Krieges zu befreunden beginnt und Bismarck die Zeit gekommen erachtet, den Faden der Recherchen wegen des italienischen und französischen Bündnisses aufzunehmen.

Diesmal gibt ein unerwartetes Ereignis den italienischen Hoffnungen eine neue Richtung. Im Februar vertreibt den Prinzen Cusa eine Revolution von der Regierung der Donaufürstentümer und Nigra regt den Gedanken bei der italienischen Regierung an, ob man nicht Napoleon bewegen könnte, die Wiener Regierung zu überreden, daß sie Venedig als Tauschobjekt für die Donaufürstentümer überlasse. La Marmora greift den Vorschlag warm auf. In seiner Depesche vom 24. Februar ermächtigt er Nigra, mit Napoleon sofort in Fühlung zu treten und fügt hinzu: „daß man sich in Berlin sehr kampflustig zeigt; man stellt uns neue Anträge". Als Resultat seiner Beratung mit Napoleon berichtet Nigra in seiner Depesche vom 1. März an La Marmora den Rat des Kaisers, Preußen zum Abschlusse eines Trutz- und Schutzbündnisses anzueifern, er werde während dieser Zeit trachten, die österreichische Regierung für das Projekt des Tausches zu gewinnen. Es ist die erste Gelegenheit, wo Napoleon die Preußen offenkundig irreführen und betrügen will, um die Gefahr des preußisch-italienischen Bündnisses für die Erzwingung einer Übereinkunft mit Österreich auszunützen.

Dieses Vorhaben scheitert während einiger Tage an der Antipathie der Wiener Regierung und an der bestimmten Erklärung Rußlands, nicht zu dulden, daß Österreich die untere Donau in Besitz nehme.

Dies alles dient als gesteigerter Antrieb, daß die Italiener in Berlin Bundesgenossenschaft suchen. Dort veranlaßt die Unhaltbarkeit der Lage in Schleswig-Holstein und die stets aggressivere Haltung der österreichischen Verwaltung den König, die Lage in einem Kronrate unter Zuziehung des Thronfolgers und der höchsten militärischen und zivilen Ratgeber zu besprechen und die weiteren Maßnahmen festzustellen. Am 28. Februar findet der Kronrat unter Goltz' Teilnahme statt, der den Auftrag erhält, unter Hinweis auf die sich stets zuspitzende, politische Lage bestrebt zu sein, Napoleon dahin zu bringen, daß er Farbe bekenne. Andrerseits ist die Reise Moltkes nach Florenz behufs Besprechung des italienischen Bündnisses in Aussicht genommen.

Im Ganzen siegt die Politik Bismarcks. Der König fühlt sich durch das Auftreten Österreichs verletzt und verlangt nicht nur die Reparation dafür, sondern gibt auch Bismarck die Ermächtigung, die zeitgemäße Reform der

Verfassung des Bundes zu verlangen und hiedurch den Streit mit Österreich noch weiter zu vertiefen. Mit diesem doppelten Hebel drängt Bismarck Österreich immer stärker und reizt es weiter zu aggressiven, das Selbstbewußtsein des Königs verletzenden Schritten, der Erfolg seiner Politik ist aber deshalb noch immer überaus zweifelhaft. Dem König graut vor dem Gedanken, den Krieg zu beginnen. Er sträubt sich gegen jede solche Gebietsabtretung, mit welcher die Allianz Napoleons gesichert werden könnte. Die freundschaftliche Näherung Österreichs kann in jedem Augenblicke eine friedliche Wendung herbeiführen, die Bismarck samt seinen ehrgeizigen Plänen von der Erdoberfläche wegfegen könnte.

Dies sind die kritischesten Tage der staatsmännischen Wirksamkeit Bismarcks. Er allein weiß, was er will, er muß indifferente oder feindliche Kräfte vor seinen Wagen spannen, die Ereignisse nach seinen nur halb eingestandenen Zielen leiten und der Erfolg ist bis zur letzten Minute in höchstem Maße ungewiß.

Drei Umstände nützt er aus, um die große Abrechnung unvermeidlich zu gestalten. Die Schwierigkeiten des gemeinschaftlichen Besitzes von Schleswig-Holstein und das schonungslose preußenfeindliche Verhalten Österreichs als Mitbesitzer. Dies wirkt vielleicht am stärksten auf den König. Dies erregt in diesem die Empfindung, daß seine Herrscherrechte verletzt sind und zerstreut seine Skrupel gegen den Krieg.

Mit der zweiten Frage, der Reform des deutschen Bundes, will er die deutsche öffentliche Meinung beeinflußen. Im April schleudert er die Bombe in die Welt. Er verlangt ein aus unmittelbaren, allgemeinen Wahlen hervorgehendes deutsches Parlament und wenn auch im ersten Augenblicke die ihn verkennende deutsche öffentliche Meinung diese Idee mit Mißtrauen und Hohn empfängt, so schafft er hiemit die Grundlagen des Bündnisses zwischen den preußischen Machtbestrebungen und den deutschen nationalen Aspirationen.

Den Krieg selbst macht er hauptsächlich durch geschickte Ausnützung des Umstandes unvermeidlich, daß Österreich durch seine viel schlechtere Organisation, vermöge deren die Mobilisierung seiner Kriegsmacht mehr Zeit beansprucht, auf die ersten drohenden Nachrichten über ein preußisch-italienisches Bündnis zu militärischen Vorbereitungen gezwungen wird. Dem gegenüber kann sich Bismarck der Wahrheit entsprechend darauf berufen, daß kein einziger Reservist einberufen, und kein einziges Pferd für die preußische Armee gekauft wurde. Er bringt die österreichischen Kriegsvorbereitungen auf die Tagesordnung und unter Berufung auf sämtliche preußischen militärischen Autoritäten kann er dadurch auf den König einen Druck ausüben, daß er Österreich sich zuvorkommen läßt und seine eigene Sicherheit gefährdet, wenn er keine entsprechenden militärischen Maßnahmen trifft.

Dies alles ist anfangs März so ziemlich noch im Werden begriffen, als die zweifache Mission von Goltz und Moltke beschlossen wird. Goltz spricht am 5. März mit Napoleon; er erklärt, daß Preußen neben der Erwerbung von Schleswig und Holstein die gründliche Reform des deutschen Bundes und die führende Rolle in Norddeutschland beanspruchen müsse. Napoleon billigt diese Haltung, als man aber darauf zu sprechen kommt, die von ihm gewünschte Kompensation zu bezeichnen, gerät er in Verwirrung und betont selbst die Schwierigkeiten der Lage. Bei der Stimmung des französischen Volkes, sagt er, müßte er unbedingt für Frankreich einen entsprechenden Machtzuwachs verlangen, dies macht aber die Abneigung Preußens gegen die Abtretung des Rheinufers überaus schwer. Sie besprechen die verschiedenen Eventualitäten, ohne daß Napoleon seine Forderung auf konkreter Grundlage formuliert hätte, und Goltz faßt seine Eindrücke in seinem Berichte derart zusammen, daß Napoleon ohne jede weitere Gegenleistung in die Annexion Schleswig-Holsteins einzuwilligen geneigt wäre, im Falle eines größeren Machtzuwachses Preußens aber wenigstens die Wiederherstellung der Grenzen vom Jahre 1814 verlangt. Bismarck verständigt ihn sofort, daß der König unter keinem Vorwande in die Abtretung preußischen Gebietes einwillige, demzufolge er ihn anweise, die weitere eingehende Besprechung der Frage zu vermeiden und wenn Napoleon auf die Sache neue Anspielungen mache, solle er sich mit der Betonung der in der Stimmung der deutschen Nation gelegenen großen Schwierigkeiten begnügen.

Die italienische Reise von Moltke ist tatsächlich nicht zur Ausführung gelangt. Mitte März, als er sich gerade auf den Weg machen wollte, erscheint der italienische General Govone in Berlin, den der italienische Gesandte Bismarck mit der Eröffnung vorstellt, daß er wegen Abschlusses eines preußisch-italienischen Schutz- und Trutzbündnisses entsendet wurde. Govone wünscht, die Preußen zum sofortigen Beginn des Krieges zu bewegen. Wie wir oben gesehen haben, kann Bismarck sich auf diesen Standpunkt noch nicht stellen. Er erklärt den Italienern offen, daß er zur Stellung der deutschen Frage auf die Tagesordnung und wegen vollständiger Vorbereitung des Krieges voraussichtlich noch drei bis vier Monate benötigt, daß er also die Feststellung des Zeitpunktes des Krieges sich selbst vorbehalten müsse und demnach mit den Italienern nur einen solchen Freundschafts- und Allianzvertrag schließen könne, in welchem Italiens Mitwirkung gesichert wird, wenn Preußen Österreich den Krieg erklärt.

Govone ahnt eine Finte in dieser Erklärung; er glaubt, daß Bismarck sie einfach Wien gegenüber ausspielen wolle und die italienische Annäherung ausnütze, um Österreich in der Frage von Schleswig-Holstein zur Nachgiebigkeit zu bewegen. Sein erster Gedanke ist, jede weitere Verhandlung abzubrechen; er wählt aber sodann die Rolle der Viper, welche den Charlatan beißt. Unter Berufung auf die Lückenhaftigkeit seiner Instruktion zieht er die Verhandlungen in die Länge, damit er, wie er La Marmora berichtet, diesem Zeit lasse, Bismarck zu hintergehen. Die Sache verhält sich freilich in Wirklichkeit nicht ganz so. In diesem Momente ist kein Anhaltspunkt für eine Verhandlung mit Österreich. Die Italiener verlangen Rat von Napoleon durch Nigra, welcher den Standpunkt des Kaisers im Nachstehenden zusammenfaßt.

Der Kaiser wünscht den Krieg. Er will sich weder Preußen, noch Österreich, noch Italien gegenüber binden. Er empfiehlt uns das Bündnis mit den Preußen; dies ist aber nur ein freundschaftlicher Rat, welcher Frankreich keine Verpflichtung auferlegt. Er will als Grenze Frankreichs den Rhein erwerben, möglichst derart, daß er nicht zu den Waffen greifen muß, schreckt aber auch hievor nicht zurück, wenn es die Konsequenzen des Krieges verlangen. Schließlich sei er bereit, Italien gegen einen Angriff von Österreich zu verteidigen.

Dieser Rat hätte selbstverständlich die Aufrechterhaltung des ursprünglichen Standpunktes von Govone involviert. Als sich aber die Italiener überzeugt haben, daß dies bei den Preußen unerreichbar sei, gibt er ihnen den neuerlichen Rat, daß sie nötigenfalls auch den im Allgemeinen projektierten Vertrag mit den Preußen schließen sollen, weil man Bismarck unbedingt ermöglichen müsse, den König für den Krieg zu gewinnen.

Infolge dieser Ratschläge nimmt Govone den Faden der Verhandlungen neuerlich auf, und schließt am 8. April den Vertrag mit Preußen, im Sinne dessen für den Fall, daß die Frage der deutschen Reform den Krieg zwischen Österreich und Preußen herbeiführen würde, Italien auch den Krieg an Österreich erklärt und mit voller Kraft an dem Kriege teilnimmt. In diesem Falle werden die beiden Teile nur in gemeinschaftlichem Einverständnisse Frieden schließen können, die Einwilligung in den Frieden können aber die Italiener nicht versagen, wenn ihnen Venedig, die Preußen wieder, wenn ihnen der Besitz eines gleichwertigen Landes angeboten wird.

Hiemit war der Schlüssel der Kriegserklärung in Bismarcks Hand und er konnte ruhig seine Bestrebungen fortsetzen, welche die Zuspitzung des Verhältnisses mit Österreich bezweckten.

Die Pariser Ereignisse geben aber seiner Unruhe neuen Stoff. Die französische öffentliche Meinung ist von Mißtrauen gegen Preußen erfüllt. Sie ist einem Kriege abgeneigt und betrachtet mit wachsenden Ängsten die diplomatischen Umtriebe ihres Kaisers.

Napoleon macht hieraus vor Goltz kein Geheimnis. „Ich bin in Frankreich der Einzige" sagt Napoleon, „der die preußenfreundliche Politik unterstützt." Es ist seine fixe Idee, Venedig den Italienern zu verschaffen. Er ist sich dessen bewußt, daß diese Politik auf die Zustimmung der französischen öffentlichen Meinung nur dann rechnen darf, wenn sie auch für Frankreich einen wesentlichen Machtzuwachs bedeutet. Je mehr er diese Frage vor den Preußen aufwirft, umso mehr muß er sich überzeugen, daß er Preußen nur nach einem verlorenen Feldzuge deutsches Gebiet abringen kann.

Am 25. April spricht er mit Goltz von den „Kompensationen". „Die Lage ist sehr schwer," sagt er, „was Euch gehört, gebt Ihr nicht her, über fremdes Gut ist sehr schwer zu disponieren". Er wirft die Idee eines Kongresses auf und als Bismarck die Notwendigkeit einer vorherigen Übereinstimmung betont, sagt er am 2. Mai zu Goltz, sie mögen ihm auch so viel geben, wie viel ihm Österreich anbietet. Was dies wäre, darüber äußert er sich nicht, er sagt aber: „Mein Volk fixiert den Blick auf den Rhein." Bismarck wiederholt Goltz, daß auf dieser Grundlage die Übereinstimmung nicht möglich sei, weist ihm aber unter einem mit Rücksicht auf die kritische Lage an, den Faden des Gedankenaustausches nicht zu zerreißen. Unter solchen Verhältnissen endigen auch die neuerlichen Unterredungen von Goltz mit Napoleon und Drouyn de Lhuys ohne greifbaren Erfolg.

Diese Eindrücke zeitigen in Napoleon den Gedanken einer vollständigen Frontänderung. Er entsagt seinen Plänen nicht, sondern sucht ihre Verwirklichung nicht in dem preußischen, sondern in dem österreichischen Bündnisse. Er ist übrigens auch überzeugt, daß Österreich militärisch viel stärker ist als sein Gegner und daß im Falle eines preußisch-französischen Bündnisses, Frankreich dem geschlagenen Preußen zu Hilfe eilen müßte.

Infolgedessen bestrebt er sich, die österreichische Regierung zu bewegen, daß sie für Schlesien im Tauschwege den Italienern Venedig abtrete und sich durch die Eroberung Schlesiens und durch die Niederwerfung des preußischen

Einflusses entschädige. Dieser Antrag wird im ersten Moment zurückgewiesen. Die Wiener Regierung scheut vor dem Gedanken zurück, Venedig zum Gegenstande irgend eines Tausches zu machen. Als aber die von Preußen drohende Gefahr und der durch die Haltung der preußischen Regierung erregte Haß im Wachsen begriffen sind, reist in Wien der Entschluß, durch die Aufopferung von Venedig die sicheren Voraussetzungen des Sieges über die Preußen zu erwerben. Am 4. Mai teilt Gramont das Anbot der österreichischen Regierung nach Paris mit, daß sie für den Fall, wenn Napoleon und Italien Preußen seinem Schicksale überlassen und Österreich von diesem in einem siegreichen Feldzuge Schlesien erobert, geneigt wäre, nach der Eroberung Schlesiens an Napoleon Venedig abzutreten. Noch am selben Tage eröffnet Napoleon diese Nachricht der italienischen Regierung und stellt die Frage, ob sie sich der Verpflichtung des preußischen Vertrages entledigen könne.

Kaum einige Tage früher schien es, als wenn zwischen den vertragschließenden Teilen tatsächlich ein ernster Konflikt entstanden wäre. Wir haben oben den Inhalt des Vertrages kennen gelernt. Trotz der ganz klaren Stipulationen desselben wirft La Marmora vor der Berliner Regierung die Frage auf, ob sie sich zur Unterstützung Italiens auch für den Fall verpflichtet erachtet, wenn zwischen Italien und Österreich der Krieg ausbrechen würde.

Wie wir oben gesehen haben, setzt der Vertrag eine solche Verpflichtung nicht fest. Bismarck war aber lange mit sich im Klaren, daß es Preußen unmöglich wäre, im Falle eines österreichisch-italienischen Krieges im Frieden zu verharren. Er gab schon am 25. April vor Benedetti diese Erklärung ab und als die Unruhe der Italiener einen ernsteren Anstrich gewann, erwirkte er die Zustimmung des Königs, daß er am 2. Mai in seinem Namen die verpflichtende Erklärung abgebe, Italien könne auf die volle Unterstützung Preußens rechnen, wenn es durch Österreich angegriffen werden sollte. Unmittelbar nach der günstigen Erledigung dieses Zwischenfalles gelangte die Initiative Napoleons vor die italienische Regierung, die mit Freuden die Gelegenheit ergriff, den Antrag des Kaisers abzulehnen. Sie konnte sich bezüglich Venedigs jetzt gewissermaßen in Sicherheit fühlen. Für den Fall einer Niederlage Österreichs würde sie naturgemäß in den Besitz desselben gelangen. Die Situation entwickelte sich aber immer mehr nach der Richtung, daß man Venedig auch für den Fall eines österreichischen Sieges als Kompensationsobjekt erlangen könnte.

Unter solchen Umständen waren ihre Bestrebungen in erster Reihe dahin gerichtet, daß sie diese Provinz nicht der Gnade des Kaisers der Franzosen, sondern ihrer eigenen Kraftanspannung verdanken wollten. Wenn sie Venedig durch schändlichen Verrat Preußen gegenüber als Lohn des Verrates von Österreich erhalten, in welch kritische Lage gelangen sie nach dem Siege Österreichs? Das preußische Bündnis hätten sie endgültig verspielt, sie würden dem an Macht gewachsenen Österreich gegenüber stehen, das früher oder später seine italienischen Provinzen zurückzuerobern trachten wird. In dieser Lage würden sie in Mißkredit gebracht, mit vernichtetem Prestige ganz der Bevormundung Frankreichs ausgeliefert sein und von der Willkür Napoleons abhängen. Von dieser Gefahr kann sie das preußische Bündnis und der mit Preußen gemeinschaftlich geführte siegreiche Krieg retten. Es ist also nichts natürlicher, als daß sie unter Hinweis auf die verpflichtende Kraft des preußischen Vertrages Napoleon zur Unterstützung des italienisch-preußischen Bündnisses auffordern wollen.

Von diesem Gedanken scheint aber der Kaiser endgültig abgekommen. Die Berichte von Benedetti aus dem Monate Mai sprechen auch von der Erkaltung Bismarcks, der ihn seit einiger Zeit zu meiden scheint und ihm erklärt hat, eher vom Schauplatze des öffentlichen Lebens endgültig zu verschwinden, als zur Abtretung des linken Rheinufers hilfreiche Hand zu bieten. Dies kann den Kaiser auch nur in dem Bestreben bestärken, daß er seine Ziele gegen Preußen zu verwirklichen trachtet. Er wendet sich seinem alten Lieblingsrezept, der Idee des Kongresses zu, um mit dessen Hilfe die Entscheidung bis 9. Juli hintanzuhalten, zu welcher Zeit der preußisch-italienische Vertrag endigt und die Italiener ihre Handlungsfreiheit zurückerlangen. Im Einverständnis mit England und Rußland wendet er sich mit dem Vorschlage an Österreich und Preußen, daß sie die in Schwebe befindlichen Fragen über Venedig, Schleswig-Holstein und die Reform des deutschen Bundes dem Tribunal des europäischen Kongresses unterbreiten sollen.

Bismarck wagt es nicht, diesen seine Pläne sehr unangenehm kreuzenden Vorschlag zurückzuweisen. Unter Betonung seiner Bedenken nimmt er ihn grundsätzlich an. Österreich bringt ihm die Befreiung, das in seiner Antwort vom 4. Juni die Teilnahme am Kongresse daran knüpft, daß dort von vornherein jede Gebietveränderung ausgeschlossen sei, worauf die französische Regierung in ihrer Zirkularnote vom 7. Juni ihren Vorschlag als undurchführbar fallen läßt.

Der Ausbruch des Krieges ist jetzt nur eine Frage von Tagen und Napoleon benützt die übrigen Tage des Friedens, um sich gegenüber den Eventualitäten des Krieges möglichst zu sichern. Preußen gegenüber begnügt er sich mit der nichtssagenden Erklärung des gegenseitigen Wohlwollens. „Ich werde neutral sein", sagt er, „ihr kennt meinen Gedankengang, ihr könnt wissen, auf welcher Seite meine Sympathie ist, wem ich Erfolg wünsche und daß wir bei gegebener Gelegenheit uns verstehen werden."

Österreich verursacht ihm mehr Sorgen. Seine militärischen Ratgeber prophezeihen den österreichischen Waffen Erfolg; er muß auf die Voraussetzung des österreichischen Sieges seine Berechnungen gründen. Mit der siegreichen österreichischen Macht muß er in bezug auf das Weitere zur Übereinstimmung gelangen. Am 12. Juni schließt er mit Österreich eine Konvention. In dieser verspricht er Frankreichs Neutralität und daß er trachten werde, Italien vom Kriege abzuhalten, dem gegenüber Österreich nach siegreicher Beendigung des Krieges Venedig abtritt und sich zur Aufrechthaltung des deutschen Dualismus verpflichtet. Insofern aber dieser Krieg Österreich einen bedeutenden Gebietszuwachs verschaffen würde, wird die hiefür Frankreich zu gewährende Kompensation den Gegenstand eines Abkommens bilden.

Im Besitze dieser Konvention, im Vertrauen auf den österreichischen Sieg harrt Napoleon ruhig der Ereignisse in dem Bewußtsein, daß er, falls gemäß seinen Berechnungen Österreich einen eklatanten Sieg erntet, die siegreiche österreichische Armee aufhalten, als Preußens Wohltäter auftreten werde und für diesen lebensrettenden Dienst die Rheingebiete fordern könne. In dem unerwarteten Falle jedoch, wenn er sich in seinen Berechnungen täuschen würde, wenn Preußen den österreichischen Heeren längere Zeit Widerstand zu leisten imstande wäre, so würde nach der wechselseitigen Schwächung der beiden Teile der günstige Augenblick eintreten, in welchem er die dankbare Rolle des tertius gaudens übernehmen könnte.

An alles denkt er, nur an die an der Schwelle stehenden großen Ereignisse, an die preußischen Siege nicht. In deren sicheren Kenntnis hat Bismarck den Kampf aufgenommen. Er lebte nicht in Illusionen bezüglich der Freundschaft Napoleons. Im Mai und Juni überhäuft er wiederholt mit seinen Beschwerden Benedetti. Er gibt ihm bekannt, daß die französisch-österreichischen Unterhandlungen seiner Aufmerksamkeit nicht entgangen sind. Er weiß es, daß sowohl der Minister des Äußern als die bei den übrigen Höfen akkreditierten französischen Diplomaten eine antipreußische und austrophile Haltung an den Tag legen. Unmittelbar vor dem Ausbruch des Krieges gelangt er zur positiven Kenntnis, daß Drouyn de Lhuys die angeblichen Beweise der Unredlichkeit des preußischen Bündnisses La Marmora mitgeteilt und hiedurch Italien zum Rücktritte vom Bündnisse zu bewegen getrachtet hat. Nichtsdestoweniger wirft er den Würfel. Er läßt sich in den Kampf ein und führt sein Vaterland in das große Ringen, das für seine historische Gestalt, für die Großmachtstellung Preußens und für das Schicksal der deutschen Nation entscheidend wird. Er läßt sich ein im Vertrauen auf seine eigene Kraft und auf die geringe militärische Vorbereitung Frankreichs, das im Falle rascher Erfolge Napoleon in eine unmögliche Situation bringen und den von seinen Gefühlen für Italien beherrschten und auch sonst zur Zögerung und Schwankung neigenden Kaiser zur Untätigkeit zwingen wird.

Der Krieg beginnt und als erste Schwalbe erfüllt die Nachricht des österreichischen Sieges von Custozza mit Freude die politischen Kreise Frankreichs und bestärkt den Kaiser in seinen Illusionen. Aus diesen rütteln ihn die

erſten kleinen auf dem böhmiſchen Schlachtfelde er-
folgten Gefechte nur halb auf und erſt die wie ein Blitz-
ſchlag wirkende Nachricht der entſcheidenden Schlacht von
Sadowa erweckt ihn zum Bewußtſein der grauſamen
Wirklichkeit.

IV.

Kaum war die Nachricht der Schlacht bei Königgrätz in Paris eingelangt, als schon am 4. Juli abends Metternich bei Napoleon erscheint und ihn verständigt, daß Österreich ihm Venedig mit der Bitte abtritt, daß er durch dessen Besetzung das Vordringen der Italiener aufhalte und ermögliche, die ganze Kriegsmacht Österreichs gegen Preußen zu verwenden.

Napoleon nimmt Venedig an, bietet aber unter einem seine Mediation an sowohl Italien als Preußen gegenüber.

Er depeschiert sofort König Wilhelm, gratuliert ihm zu dem glänzenden Siege, der ihn aus seiner Untätigkeit herauszutreten nötigt. Er appelliert an seine Großmut und bittet um einen Waffenstillstand zum Zwecke der Feststellung der Friedensbedingungen. Er verständigt auch den italienischen König von dem österreichischen Anerbieten und fordert ihn zum sofortigen Abschlusse des Waffenstillstandes auf.

Am nächsten Tage versammeln sich die französischen Minister zur Feststellung der Art und der Bedingungen der Mediation. Die orthodoxe französische Politik des Ministers des Äußern gerät mit voller Kraft in Kollision mit der Politik der Freunde der Italiener und vielleicht beeinflußen die auf die militärische Macht des Landes bezüglichen Aufklärungen mit entscheidender Kraft den Kaiser. Über dies alles sind uns weitschweifige, aber umso unverläßlichere Memoiren der Teilnehmer erhalten geblieben. In allen steht — nach der guten alten Sitte der französischen Memoirenschreiber — der Erzähler in der schönsten Pose, er sagt die zierlichsten Wahrheiten, er erntet die meisten Lorbeeren. Lavalette berichtet, als er Rouher zur Verantwortung gezogen habe, weshalb er ihn gegen

Drouyn de Lhuys nicht unterstützt hat: „Ah", antwortete Rouher, „Sie haben zu gut gesprochen, als daß Sie meiner Unterstützung bedurft hätten." Der Kriegsminister Randon wirft aber in seiner nachträglich herausgegebenen Selbstrechtfertigung mit den Hunderttausenden der Soldaten so herum, daß Frankreich, selbst wenn nur die Hälfte tatsächlich vorhanden gewesen wäre, mit dem siegreichen preußischen Heere fertig zu werden imstande gewesen wäre.

Soviel ist unzweifelhaft, daß Drouyn, der vorher mit dem Kaiser besonders sprach, diesen schon überredet hatte, daß das Parlament einberufen, eine Armee von 80 000 Mann sofort an die Grenze geschickt werde und daß die diesbezüglichen Anordnungen im Moniteur am nächsten Tage erscheinen sollten.

Da kommt Rouher dazwischen, verleiht seinen Bedenken Ausdruck und verlangt eingehende Auskunft über die Kriegsbereitschaft. Die Diskussion ist im besten Gange, als ungerufen der Minister des Innern Lavalette erscheint und mit großer Vehemenz sowohl Drouyn de Lhuys, als den Marschall Randon angreift. Die Äußerungen des letzteren können nicht ganz einwandfrei festgestellt werden: angeblich hat er die sofortige Zusammenziehung von 80 000 Mann in Aussicht gestellt, während er nach Anderen so viele Truppen nur nach mehreren Wochen an der preußischen Grenze zu konzentrieren imstande gewesen wäre.

Wenn wir in Betracht ziehen, daß im Jahre 1859 Napoleon insgesamt 150 000 Mann nach Italien schicken konnte, seitdem aber neben der Herabsetzung der Cadres und der Reduktion der notwendigsten Ausgaben der mexikanische unglückliche Feldzug an Menschen insbesonders jedoch an Kriegsmaterial riesige Opfer gefordert hat und noch immer 30 000 Mann in Mexiko gebunden hielt, können wir beiläufig dem preußischen Militärattaché Recht geben, der die zur Verfügung des Landes stehende Kriegsmacht auf 40 bis 50 000 Mann schätzte.

In dieser jämmerlichen militärischen Lage konnte man sich in eine kräftigere Aktion nicht einlassen. Die Beratung verlief ergebnislos, der Moniteur gibt aber am nächsten Tage anstatt der von Drouyn verlangten kriegerischen Nachrichten dem Lande nur bekannt, daß der Kaiser von Österreich nebst der Übergabe von Venedig den Kaiser zur Vermittlung aufgefordert habe, welcher sich hiezu bereit erklärt und als Mediator sich an die zwei verbündeten Könige gewendet habe.

Dies alles klingt als voller Sieg der napoleonischen Politik. Im Anfange wird es auch so aufgefaßt. Auf der Börse entsteht eine große Hausse. Das illuminierte Paris tobt im Freudenrausche. Die Illusion kann freilich nicht lange dauern. Die Ereignisse, die mit brutaler Unerbittlichkeit einander jagen, liefern täglich einen neuen Beweis, daß die Rolle Napoleons von dem Mediator, der die Friedensbedingungen festsetzt und sie den kriegführenden Parteien aufzwingt, in den bescheidenen Vermittler zusammenschrumpft, welcher kraftlos, machtlos, ratlos sich vor dem Willen des Siegers beugt.

In Italien bricht über die Depesche des Kaisers eine erbitterte Aufregung aus. Man würde es als Schande, als Schmach betrachten, daß man Venedig aus französischer Hand als Geschenk für den Verrat des Bundesgenossen erhalte. Der Krieg wird fortgesetzt. Unbekümmert, daß Venedig jetzt schon Kaiser Napoleon gehört, zieht man dort ein, sodann in Südtirol. Man erklärt, daß man nur mit Preußen vereint Waffenstillstand schließen könne und man fleht den Kaiser an, von der Demütigung des Separatfriedens verschont zu werden.

Napoleons Politik erlebt also auch hier eine Enttäuschung, der Schwerpunkt der Frage ist nicht hier, sondern in dem siegreichen preußischen Hauptquartier.

Wie unangenehm auch die Preußen diese rein für Österreich günstige Intervention berührt hat, so schien doch die starre Zurückweisung derselben nicht ratsam. Die Kriegsmacht Österreichs war in der mit Eilmärschen nach Norden abziehenden siegreichen italienischen Armee auch nach der Niederlage von Königgrätz nicht zu unterschätzen. Die Heere der süddeutschen Staaten waren noch unverwendet. Den ehrgeizigen preußischen Plänen drohte auch von Rußland Gefahr. Unter solchen Umständen mußte man durch freundschaftliche Verhandlungen Zeit gewinnen und diese zu einer energischen Ausnützung der militärischen Lage verwenden.

König Wilhelm nimmt in seiner Antwort, die in herzlichem Tone gehalten war, die Mediation Napoleons an und erklärt, daß er die durch die militärische Lage und durch das italienische Bündnis geforderten Bedingungen des Waffenstillstandes ehetunlichst bekanntgeben werde.

Diese Depesche trifft noch am 5. abends in Paris ein. Nach ihr vergeht ein Tag nach dem andern, das siegreiche preußische Heer dringt mit schwindelnder Raschheit vorwärts und die avisierte neue Depesche trifft noch immer nicht ein.

Mit wachsender Nervosität urgiert man die Bedingungen des Waffenstillstandes bei Goltz, der am 8. Juli telegraphisch ausführliche Weisungen verlangt, weil die Franzosen nicht weiter warten können und Drouyn früher oder später den Kaiser zu irgend einer energischen Maßregel bewegen werde.

Gleichfalls am 8. weist Drouyn Benedetti an, daß er sich in das preußische Hauptquartier begebe und die Preußen zur Mäßigung ihrer Ansprüche und zum sofortigen Waffenstillstand berede. Benedetti erreicht nach dreitägiger Irrfahrt in Zwickau Bismarck und von da an bleibt er, eine Reise nach Wien abgerechnet, im preußischen Hauptquartier, jedoch mangels entsprechender Weisungen mehr in einer tragikomischen Lage als untätiger Beobachter des Vordringens der Preußen, die seine guten Ratschläge geduldig anhören, aber nicht befolgen.

Die Frage wird in Paris entschieden. Am 10. Juli kommt dort Prinz Reuß mit einem an Napoleon gerichteten Schreiben des Königs an. Dieses bedeutet eine neue, bittere Enttäuschung.

Es bewegt sich nur in höflichen Allgemeinheiten und stellt die für Goltz bestimmten ausführlichen Weisungen erst ein bis zwei Tage später in Aussicht.

Endlich langen am 12. die vom 9. datierten Weisungen Bismarcks an. In diesen legt er das Hauptgewicht auf die Gründung des norddeutschen Bundes, sowie darauf, daß die Details als innere deutsche Angelegenheit betrachtet und der Einmischung der auswärtigen Staaten sowie jedweder europäischen Kontrolle entzogen werden sollen. Die Frage der Annexionen erscheint verschwommen mehr in zweiter Reihe. „Die öffentliche Meinung verlangt auch die Einverleibung Sachsens, Hannovers und Hessens", sagt er, „und gewiß wäre dies die beste Lösung, wenn sie ohne Abtretung preußischen Gebietes erreichbar wäre. Hauptsache ist, daß wir in irgendwelcher Form über die Macht ganz Norddeutschlands verfügen müssen. Diejenigen, die gegen uns die Waffen ergriffen haben, können wir nicht nur durch die Annexion ihrer Länder unschädlich machen, sondern auch dadurch, daß wir ihre Majestätsrechte stärker beschränken." Er stellt es der Einsicht von Goltz anheim, ob er versuchen wolle, zu erfahren, welche Wirkung das Aufwerfen des großen Annexionsplanes übt, und welche nichtdeutsche Kompensationsforderungen es erweckt.

Goltz erlangt schon am 11. eine lange Audienz von Napoleon. Er findet ihn als einen erschütterten, fast gebrochenen Menschen, der jede Richtung verloren hat und hauptsächlich auf die Sonderstellung Süddeutschlands Gewicht legt.

Am 13. im Besitze seiner Weisungen, sucht er den Kaiser neuerlich auf, welcher nur die Unabhängigkeit der süddeutschen Staaten und die territoriale Integrität Österreichs verlangt. Er gewährt freie Hand in Ansehung der Organisation des norddeutschen Bundes und nimmt den Annexionsplan zerstreut, teilnamslos entgegen, nur den Bestand von Sachsen wünscht er.

Auf Grund dieser Besprechung textiert am 14. Goltz die Mediationsbedingungen Napoleons, in welchen er — weil er die naturgemäße Folge der präziseren Formulierung der Sache, die Kompensationsforderung, scheut — die Annexion mit Stillschweigen übergeht.

Inzwischen verfehlt aber die stets glänzender werdende militärische Lage auf König Wilhelm und auf seine militärische Umgebung ihre Wirkung nicht. Man beginnt Bismarcks Bedingungen für ungenügend zu halten und die Idee der Annexion tritt immer mehr in den Vordergrund. Unter dieser Wirkung fordert Bismarck am 17. Juli Goltz neuerlich auf: die Sache der Annexionen zu bereinigen. Hauptsache ist die Annexion eines Gebietes mit einer Bevölkerung von 3 bis 4 Millionen. Anders kann kein Waffenstillstand geschlossen werden.

Goltz kommt am 17. und 18. neuerlich sowohl mit Drouyn, als mit dem Kaiser in Berührung. Der erstere zieht gegen das Ausmaß der Annexionen heftig los. Vor seinen Augen schwebt die Einverleibung von insgesamt 3 bis 400.000 Seelen, wodurch der Zusammenhang zwischen den östlichen und westlichen Provinzen Preußens hergestellt werden könnte. Der Kaiser scheint sich aber immer mehr mit dem Gedanken der Annexion auch in größerer Dimension abgefunden zu haben.

Dies alles befriedigt Bismarck nicht. Er verlangt die positive Zustimmung des Kaisers. Schließlich erlangt Goltz auch am 22. diese vom Kaiser. Er bringt dem Minister des Äußern diese für ihn niederschmetternde Nachricht, der sich vor dem Willen des Kaisers beugt und seinem Präsidialrate sagt: „il ne nous reste plus qu'à pleurer."

Hiemit steht dem Waffenstillstande nichts im Wege. Am 23. Juli gewährt Preußen einen Waffenstillstand von 5 Tagen behufs Festsetzung der Friedenspräliminarien.

Bei deren Abschlusse muß Bismarck eine neue nicht erwartete Schwierigkeit besiegen. Der König hält die bisher projektierten Annexionen für gering und will von seinen sämtlichen Feinden Gebiet erobern. Bismarck muß seinen ganzen Einfluß in die Wagschale werfen und seine ganze Überredungskunst aufbieten, um den König von der Notwendigkeit der Mäßigung zu überzeugen und schließlich siegt er nur mit der nicht gehofften Hilfe des Thronfolgers: „Nachdem auch mein Sohn die Partei meines Ministerpräsidenten ergreift," schreibt König Wilhelm auf das Memorandum von Bismarck, „bin ich gezwungen, die bittere Pille hinunterzuschlucken und den schmachvollen Frieden anzunehmen."

Klingt diese Erklärung nicht unglaublich aus dem Munde eines Herrschers, dessen Größe gerade dieser Friede zu begründen berufen war? Ist dies nicht ein ergreifendes Zeugnis dafür, wie der Erfolg auch die sonst starken Geister mit sich reißt und betäubt? Wird Bismarcks Größe nicht noch frappanter gestaltet, der, wie er im Handeln kühn war, ebenso kalt und mit nüchterner Mäßigung die Früchte des Sieges sichert.

Der Prager Friede ist eines der interessantesten und lehrreichsten Beispiele der Weisheit und der voraussehenden staatsmännischen Einsicht des Siegers. Er ist auch schon deshalb hervorragend interessant, weil man dabei sieht, wie dieser mit den Annexionen verfährt. Er bringt Preußen einen riesigen Zuwachs, erreicht diesen aber ausschließlich durch die vollständige Aufhebung einzelner Staaten. Keinem einzigen am Leben gebliebenen Feinde nimmt er einen namhaften Teil des Besitzes. Er ist großmütig allen jenen gegenüber, die er am Leben läßt. Er schlägt keine unheilbare Wunde, macht keinen solchen unversöhnlichen Feind, mit dem man sich in der nahen Zukunft nicht vereinigen oder ein Bündnis schließen könnte.

Dieses Ausmaß der Annexionen erweckt auch die heftigste Antipathie in der russischen Regierung. Noch am 11. August, bei der Notifikation des günstigen Friedens, welcher mit den zur Familie des Zaren verwandten Herrschern von Württemberg und Darmstadt vereinbart wurde, ist Bismarck genötigt, nach Petersburg zu depeschieren: „Wenn dies nicht genügend ist, daß Rußland die Annexion von Hannover, Hessen-Kassel und Nassau dulde, so schließen wir auch mit Stuttgart und Darmstadt keinen Frieden. Die Pression des Auslandes kann zur Proklamation der Verfassung vom Jahre 1849 und zum wahrhaft revolutionären

Verfahren nötigen. Wenn die Revolution sein muß, werden wir sie lieber machen als sie erdulden."

Noch im Monate Juli empfiehlt Rußland Napoleon einen Kongreß, um die preußischen Pläne vor Europas Tribunal zu bringen. Hiedurch bietet sich unerwartet eine günstige Gelegenheit, den Sieger zu zähmen und das geminderte Prestige des Kaiserreiches wieder herzustellen.

Diese Gelegenheit benützt Napoleon nicht. Er lehnt den Antrag ab, angeblich, weil es mit seiner Rolle als Mediator nicht vereinbarlich ist; tatsächlich, weil er auf den geheimen Wunsch nicht verzichten kann, für sich wenigstens irgendwelche Kompensation herauszuschlagen.

Am 23. Juli tritt Drouyn de Lhuys mit diesem unglücklichen Gedanken hervor. In seinem an Benedetti geschickten Schreiben führt er aus, daß die Rolle des Kaisers als Mediator beendet ist und er jetzt die Frage als Voraussetzung der definitiven Anerkennung der Annexionen aufwerfen kann. Er möge dies sofort Bismarck avisieren, bis er die ausführlichen Weisungen erhalten werde.

Am 26. Juli, unmittelbar vor der Unterfertigung der Präliminarien, besucht Benedetti in Nikolsburg Bismarck mit dieser Weisung. Dieser erklärt mit seiner gewohnten Sanftmut, er werde die Frage sehr gerne mit ihm besprechen. Als aber Benedetti auf das linke Rheinufer anspielt, unterbricht ihn Bismarck: „Ich bitte, in amtlicher Form machen Sie mir keinen solchen Vorschlag", und eilt, den Frieden zu unterfertigen.

Nach seiner Rückkehr nach Berlin, am 5. August, erhält Benedetti den auf die Kompensation bezüglichen detaillierten Vorschlag. Es ist die Arbeit von Drouyn de Lhuys, welcher die Zustimmung des schwer krank nach Vichy geflohenen Kaisers in dessen halbbewußtlosem Zustand erzwungen hat.

Im Sinne dieses Vorschlages würde Frankreich von Preußen das 1815 weggenommene Grenzgebiet, von Bayern und Hessen-Darmstadt ihre am linken Rheinufer gelegenen Gebiete und die Festung Mainz erhalten.

Benedetti erschrickt vor der Größe dieser Forderungen. Er bittet um die Erlaubnis, vor ihrer Vorbringung nach Paris fahren zu können. Da er aber eine abschlägige Antwort erhält, versichert er seinem Chef, daß er die Forderung mit der größten Energie vertreten werde, weil er nur so einen Erfolg erhoffen kann.

Am 5. August übermittelte er das Projekt der Konvention Bismarck und am 7. besucht er ihn. Selbstverständlich begegnet er der schroffsten Zurückweisung und weil er trotz derselben fordert, daß Bismarck seinen Vorschlag auch dem König unterbreite, erhält er am 8. August auch im Namen des Königs die entschiedenste Ablehnung. „Sagen Sie dem Kaiser," sprach Bismarck, „daß wir keinen Fuß deutscher Erde abtreten werden. Wir sind eher zum Kriege bereit und schrecken auch vor den revolutionärsten Mitteln nicht zurück. Diese bedeuten aber für den Kaiser eine ganz andere Gefahr als für meinen Herrn."

Mit dieser Antwort begibt sich Benedetti nach Paris. Dort desavouiert Napoleon den ganzen Versuch, wälzt die Verantwortung auf Drouyn de Lhuys ab und schickt Benedetti am 12. August mit der Botschaft nach Berlin zurück, daß man dort die ganze Sache als nicht geschehen betrachten solle.

Drouyn de Lhuys gibt seine Demission und versieht nur provisorisch die laufenden Angelegenheiten. Es scheint, als wenn diese ganze unglückselige Kompensationsfrage endgültig erledigt sei.

Wie konnte es dennoch geschehen, daß sie schon nach vier Tagen in einer neuen, vielleicht noch unglückseligeren Form aufersteht? Die Erklärung werden wir vielleicht nie erfahren. Tatsache ist, daß aus dieser Zeit unter den Papieren der Tuillerien eine Aufzeichnung des Kaisers erhalten geblieben ist, laut deren mit Preußen in Bezug auf die Eroberung von Belgien eine geheime Konvention zu schließen gut wäre. Dies hätte einen doppelten Vorteil: Es würde Preußen kompromittieren und vergewissern, daß Frankreichs Eroberungssucht eine andere Richtung nimmt und endgültig auf das linke Rheinufer verzichtet habe.

Am 16. August geht eine von Rouher verfaßte Instruktion ab, welche vorschreibt, was für einen Vertrag er mit Preußen zu schließen trachten solle.

Es ist eine bekannte Sache, daß der von Benedetti geschriebene Entwurf in den Händen Bismarcks geblieben ist und als er denselben nach der Kriegserklärung im Jahre 1870 an die Öffentlichkeit gebracht hat, versuchte Benedetti das Ganze in Abrede zu stellen und die Sache so darzustellen, als wenn der Entwurf ihm von Bismarck diktiert worden wäre. Diesem Ammenmärchen hat auf unerwartete Weise der Umstand ein Ende gemacht, daß man im Laufe des Krieges im Schlosse Rouhers zu Cercey die vertraulichen Akten der Angelegenheit gefunden hat. Trotzdem sind auch wahrheitsliebendere und ernstere französische Schriftsteller bestrebt, über die Episode Dunkel zu breiten und für sie Bismarck verantwortlich zu machen.

Die an die Öffentlichkeit gebrachten Urkunden verbreiten jedoch volles Licht über die Frage. Es ist wahr, daß die Preußen wiederholt bestrebt waren, den Appetit der Franzosen von deutschen Gebieten abzulenken, um ihm eine andere Richtung zu weisen. Zu diesem Zwecke suggerier-

ten sie ihnen häufig: sie möchten lieber auf den Erwerb
französisch sprechender Länder bedacht sein, aber dies entschuldigt ebenso wenig den Vorgang Napoleons, wie der
Räuber sich nicht damit verteidigen kann, daß sein auser-
lesenes Opfer ihn zu bewegen getrachtet habe, er möge nicht
sein, sondern anderes Eigentum rauben.

Tatsache ist, daß am 16. August die Weisung an Benedetti ergeht, Bismarck zwei Konventionen anzutragen. In
einer habe er die Abtretung von Landau, Saarbrücken
und Saarlouis, sowie Luxemburg zu fordern, in der andern
geheimen Konvention aber ein Schutz- und Trutzbündnis
behufs Erwerbes von Belgien. Wenn die Abtretung
preußischen Gebietes auf unüberwindliche Schwierigkeiten
stößt, habe sich der öffentliche Vertrag nur auf den Erwerb
von Luxemburg zu beschränken.

Diesen Vorschlag teilt er am 20. August Bismarck
mit. Dieser läßt sich mit großer Zuvorkommenheit in die
Erörterung der Frage ein und als Ergebnis der zweitägigen
Verhandlung unterbreitet Benedetti am 23. August der
Genehmigung seiner Regierung den Text der geheimen
Konvention, welche die Luxemburg und Belgien betreffenden
Stipulationen zusammenfaßt.

Zu dieser Zeit war es Bismarck gelungen, mit den
süddeutschen Staaten fertig zu werden und auch Rußlands
Antipathie durch die persönliche Mission von Manteuffel
zu zerstreuen. Er kann sich also mit der ganzen Kraft gegen
Österreich wenden, wenn dieses die Unterfertigung des
Friedens verzögern sollte. Zur selben Zeit empfiehlt er
der Wiener Regierung eine günstigere Lösung als die Franzosen, welche die finanziellen Interessen der Italiener warm
verteidigen, und tatsächlich wird der Prager Friede am
23. August unterschrieben.

Als daher Benedetti am 29. August Bismarck den von der französischen Regierung angenommenen Vertragsentwurf übergibt, sieht er überrascht, daß dieser den wichtigen Akt beiseite legt, seinem Mißtrauen und Bedenken Ausdruck verleiht, und die Frage aufwirft, ob der Kaiser diesen Vertrag nicht dazu benützen würde, um Preußen vor England zu kompromittieren. Als wenn er das obenerwähnte Memorandum Napoleons gesehen hätte!

Benedetti fragt natürlich mit moralischer Entrüstung: „Wie könnten wir unterhandelnden Parteien vertrauen, welche einer solchen Annahme fähig sind", und gelangt zu der Schlußfolgerung, daß Preußen sich gewiß das Bündnis Rußlands gesichert habe und die Allianz Frankreichs jetzt schon entbehren kann.

Die Sache bleibt hiebei, Benedetti erhält einen Urlaub für die Reise nach Karlsbad, mit der Weisung, auch dort reisefertig die einladende Depesche Bismarcks abzuwarten; diese Depesche kommt nicht; es vergeht eine Woche und ein Monat nach dem andern, ohne daß die preußische Regierung auf diese Frage zurückkommen würde. Wie sehr aber die französische Regierung sie ernst genommen hat, wie sehr sie an diesem Projekt gehängt hat, das sie später als eine von der preußischen Regierung auf teuflische Weise ausgeheckte Verleumdung darstellen wollte, geht vollauf aus der auf die Luxemburger Angelegenheit bezüglichen Korrespondenz des Marquis Moustier, des Nachfolgers von Drouyn, hervor. Dieser fordert im Monat Februar 1867 Benedetti auf, die Frage endlich mit Bismarck zu bereinigen. „Als ich meine Stelle angetreten habe", sagt er, „lebte ich in der Überzeugung, daß die Frage erledigt sein werde, sobald dies der Gesundheitszustand des preußischen Ministerpräsidenten gestattet. Der Entwurf des Vertrages war fertig, nur die Unterschrift erübrigte. Die französische Regierung hat seit der Zeit keine Schwierigkeit bereitet, sie ist für den Verzug nicht verantwortlich, sie ist nicht die Ursache des Schweigens Bismarcks, seiner rätselhaften Haltung und der von ihm hervorgerufenen Schwierigkeiten. Wir sind auch jetzt geneigt, den Vertrag zu unterfertigen, wie er im Monate August 1866 festgesetzt wurde."

V.

Wahrhaft unverständlich ist die Verblendung, mit welcher an dieser Illusion festgehalten und Frankreich durch Forcierung der Luxemburger Frage noch einer Niederlage und Demütigung ausgesetzt wird.

Kaum war Bismarck aus Varzin zurückgekehrt, als Benedetti schon am 3. Dezember 1866 die luxemburgisch-belgische Konvention zur Sprache zu bringen bestrebt ist. Nach der ausweichenden Antwort Bismarcks erhält er die Weisung aus Paris, zu warten und die Sache nicht neuerlich vorzubringen. In dieser Erwartung erschöpft sich bald die Geduld der französischen Regierung. Schon Anfangs Jänner betreibt Rouher bei Goltz die Lösung der Frage unter Hinweis auf die Unhaltbarkeit der französischen inneren Lage und Benedetti wird am 7. Jänner beauftragt, bei der preußischen Regierung eine neue Demarche zu unternehmen.

Bismarck entschuldigt sich neuerlich mit der Weigerung des Königs. Er empfiehlt, daß man sich mit einem einfachen Neutralitätsvertrage begnüge, den er vielleicht durch den König annehmen lassen könnte. Der preußische Generalstab hätte auch die Luxemburger Festung für militärisch wertlos erklärt, der König hält es aber für seine Ehrenpflicht, einen ihm von Europa anvertrauten Wachposten nicht zu verlassen.

In wiederholten Gesprächen weist er darauf, daß man sich mit Holland, — Luxemburg war mit Holland in Personalunion, ein Land des holländischen Königs, gehörte in den Verband des deutschen Bundes und seine Festung war einer preußischen Garnison anvertraut — unmittelbar verständigen und Preußen vor vollendete Tatsachen stellen solle, dann werde es mit Gewalt nicht verhindert werden. Er betont aber, daß man sich beeilen möge, damit die demnächst zusammentretende norddeutsche Bundesversammlung von der Sache nichts erfahre und dieser kein Hindernis in den Weg lege, vor allem möge man aber vorsorgen, daß Preußen von der Sache vorgänglich nichts erfahre, weil es sonst zu protestieren genötigt wäre.

Schließlich wird beschlossen, den Rat zu befolgen. Man beginnt mit dem holländischen Könige zu verhandeln, man trachtet, von ihm mit der größten Pression den Verkauf von Luxemburg zu erzwingen. Man versichert ihn der Zustimmung Preußens und fordert, daß er über die Sache vor dem preußischen Gesandten schweige. Die Sache scheint schon erledigt. Die fertige Konvention harrt nur der Unterfertigung, als der König von Holland in Berlin einen Rat verlangt und die Lage umstürzt. Bis dahin konnte Bismarck die Frage offen halten, er sendet auch jetzt eine ausweichende Antwort nach dem Haag, ist aber genötigt, auf die stets stärker auftretende deutsche nationale Erregung Rücksicht zu nehmen und verständigt wiederholt Benedetti, daß alles unmöglich werde, wenn er nicht sofort vor ein fait accompli gestellt wird.

Am 1. April müßte der Vertrag zwischen Frankreich und Holland unterschrieben werden. Wegen Formfehler wird dies auf den 2. verschoben. Inzwischen verlangt Bismarck dringend im Wege von Goltz und Benedetti die Vertagung der durch den unüberlegten Schritt des holländischen Königs verdorbenen Angelegenheit.

Am 2. April antwortet Bismarck auf die Interpellation von Bennigsen. Vor dem Gange in das Abgeordnetenhaus fragt er Benedetti, ob er erklären könne, daß die Sache perfekt sei und bemerkt, daß eine solche Erklärung eventuell unberechenbare Folgen haben könnte. Benedetti, obzwar er die Sache fast für erledigt betrachtet, kann diese Ermächtigung nicht erteilen.

Bismarck erklärt also im Reichstage in gemessenen höflichen Worten, daß er von den im Laufe befindlichen Verhandlungen Kenntnis habe. Bezüglich dieser habe er dem Könige von Holland keinen Rat erteilt und er werde im Einvernehmen mit den Unterfertigern der auf Luxemburg bezüglichen Konvention und mit seinen Bundesgenossen unter Bedachtnahme auf den Standpunkt des Parlamentes in der Frage Stellung nehmen.

Napoleon erbittert diese Haltung vollends. Fieberhaft rüstet er zum Kriege und pressiert mit voller Kraft den holländischen König zur Unterfertigung des Vertrages. Letzterer verweigert dies aber schließlich, nachdem ihn der preußische Gesandte im Namen seiner Regierung vor diesem Schritte sehr ernstlich warnt.

Einige Tage scheint der Krieg unvermeidlich. Hievon hält Frankreich der neue Kriegsminister Marschall Niel zurück. Er erklärt dem Kaiser, daß seiner bei dem gegenwärtigen Zustande der Armee eine sichere Niederlage harre und daß er zum Rückzuge einen Weg suchen müsse. Diesen findet Moustier geschickt. Er bringt die Sache vor eine internationale Konferenz, welche Luxemburg im Verbande mit Holland beläßt, festsetzt, daß es in den norddeutschen Bund nicht eintritt, es unter einem für neutrales Gebiet erklärt, was naturgemäß die Abtragung der Befestigungen und den Abzug der preußischen Garnison zur Folge hat.

Hiemit sind die preußisch-französischen Verhandlungen beendigt und das Verhältnis zwischen den beiden Ländern langt vorläufig bei einem Ruhepunkte an. Bei einem Ruhepunkte aber unter solchen Verhältnissen, die es unzweifelhaft machen, daß zwischen ihnen die unvermeidliche Abrechnung bald folgen werde.

Napoleons Seele erfüllen die Ereignisse des folgenden Jahres mit Bitterkeit und im Bewußtsein seiner Schwäche mit ohnmächtiger Wut. Beendigt war der große deutsche Kampf, den er gefördert und mit so vielen glänzenden Hoffnungen begleitet hatte, und ihm brachte dieser nur Bitterkeit, Enttäuschung und Niederlage. Das in seiner Macht verdoppelte Preußen bedroht Frankreich als gefürchteter Rivale und in klaren Umrissen hat es die Grundlagen zur Einheit der ganzen deutschen Nation gelegt. Vor seinem eigenen Volke diskreditiert, mit sinkender Macht, mit verdunkeltem Prestige fühlt der Kaiser seinen Thron unter sich wanken. Für ihn ist die Revanche nicht nur Retorsion, Befriedigung seiner Rachsucht, sondern tatsächlich Lebensfrage geworden. Diese Revanche fordert von ihm die französische öffentliche Meinung, ihrer Vorbereitung obliegt er, insoweit es sein gemindertes Ansehen und seine gebrochene körperliche und seelische Kraft gestatten. Er konzentriert seine ganze Tätigkeit auf die Entwicklung des französischen Heeres und auf die Zustandebringung einer antipreußischen Allianz.

Dem gegenüber ist der Standpunkt Bismarcks ganz natürlich. Er kann nicht in Illusionen leben, kann sich nicht zum Danke verpflichtet fühlen. Napoleons preußenfreundliche Erklärungen waren alle nur dazu bestimmt, Preußen in den Krieg hineinzutreiben. Auf dessen Kosten wollte er sich die Vorteile des Krieges sichern. Zu diesem Zwecke hatte er sich schon vor dem Kriege mit Österreich verbündet; in dessen Interesse hatte er nach dem entscheidenden Siege interveniert und getrachtet, Preußen der Früchte desselben zu berauben. Er hat auch später jeden Stein in Bewegung gesetzt, um sich etwas zu erpressen, und hat offen erklärt, daß er die Vereinigung Süddeutschlands mit dem norddeutschen Bunde niemals dulden werde. Überdies bricht immer ungezügelter der Preußenhaß der französischen Nation hervor. Die ganze öffentliche Meinung hat mit wenigen Ausnahmen die Demütigung, die Erniedrigung des Rivalen verlangt. Die wankende Macht des Kaisertums konnte nur auf diesem Wege gestärkt werden. Hiefür mußte Napoleon Kräfte sammeln.

War es nicht unter solchen Verhältnissen patriotische Pflicht Bismarcks, die erste sich darbietende gute Gelegenheit für diesen Krieg zu ergreifen? Wahrlich, jene deutschen Schriftsteller, die zu beweisen bestrebt sind, daß er auch in diesen Jahren sich nach dem Frieden gesehnt hat und in den Krieg nur hineingenötigt wurde, verkennen ihn und berauben ihn seiner schönsten Lorbeeren.

Wie sehr verhaßt und sündig die aus Ehrgeiz und Eroberungssucht wachsende Kampflust ist, wie sehr ein Fluch für die Menschheit jener große Geist ist, der seine Talente dazu benützt, um ein Blutvergießen hervorzurufen, das die Niederwerfung anderer Nationen bezweckt, eine eben so natürliche Forderung des Patriotismus ist es, daß, wenn nötig, die Hindernisse der Einheit, Unabhängigkeit und freien Entwicklung der Nation unter Preisgebung ihrer ganzen Existenz abgewendet werden sollen. Wenn ein unausweichlicher, berechtigter und heiliger Krieg auf der Welt existiert, ist es der Krieg jener Nationen, die nur auf diese Weise ihre Einheit und Unabhängigkeit erwerben können.

Die deutsche Nation war für die Einheit reif geworden. Es gab keinen deutschen Patrioten, der sie nicht angestrebt hätte und wenn sich eine benachbarte Nation gefunden hat, welche sie dieses ihres Rechtes durch ein Machtwort, durch äußere Gewalt berauben wollte, mußte jener Staatsmann, der in erster Reihe das Schicksal seiner Nation bestimmen konnte, sie vor allem andern von diesem Feinde befreien.

Dies hat Bismarck getan und daß er nicht früher einen Vorwand für den Krieg gesucht hat, ist nicht ein Beweis seiner Friedenssehnsucht, sondern seiner politischen Einsicht und Selbstbeherrschung.

Damit dieser Krieg wahrhaft zum vollen Siege führe, damit er sein Ziel erreiche, mußte er aus einer solchen Affaire entstehen, welche das Selbstbewußtsein der ganzen deutschen Nation erweckte, die Teilnahme der Südstaaten sicherte, jenen Seelenzustand erzeugte und anfachte, welcher auf der wirklichen Einheit, auf dem nationalen Selbstbewußtsein und Stolze, auf dem Gefühle des kameradschaftlichen Aufeinanderangewiesenseins beruhte.

Deshalb mußte er einen solchen Casus belli abwarten, der für diese Voraussetzungen des vollen Erfolges Gewähr leistete.

Hierauf mußte er warten, kalt, ruhig und standhaft. Er mußte jede Gelegenheit benützen, damit er seine volle Unabhängigkeit von Frankreich beweise, dessen Einmischung in deutsche Angelegenheiten zurückweise, und ihm Unannehmlichkeiten oder eine diplomatische Niederlage bereite, und er mußte abwarten, bis Frankreich in irgend einem solchen Falle seine Geduld verliert und den Krieg provozierte.

Diese Politik verfolgt Bismarck mit eiserner Folgerichtigkeit, vor allen andern in den mit dem Prager Frieden zusammenhängenden Fragen. Napoleon möchte sich ein Recht anmaßen, über die Einhaltung der Bestimmungen dieses Friedens zu wachen, Bismarck stellt es aber offen und entschieden in Abrede.

Er erfüllt den Punkt nicht, der sich auf die Zurückgabe des von Dänen bewohnten Nordschleswig bezieht und weist die diesbezüglichen Forderungen Napoleons zurück.

Er erklärt offen, daß er die Vereinigung mit den süddeutschen Staaten zu erzwingen nicht wünscht, er stellt aber das Recht derselben zu der Vereinigung fest und erklärt, daß diese erfolgen würde, wenn sie es selbst wünschen sollten.

Mittlerweile bezieht er sie in das Zollbündnis ein, unbekümmert um die Aufregung der französischen öffentlichen Meinung, schafft das deutsche Zollparlament. Noch früher, als Rouher am 16. März 1867 in Beantwortung des Angriffes von Thiers sich damit brüstet, daß die Politik des Kaisers das bis dahin einige Deutschland in drei besondere Teile zerrissen habe, veröffentlicht er die mit den süddeutschen Staaten geschlossenen Trutz- und Schutzbündnisse. Jetzt erfährt die staunende Welt, daß noch im Monat August 1866, eben damals, als Benedetti die auf das linke Rheinufer bezügliche Forderung aufgeworfen hatte, vielleicht gerade mit deren Benützung und unter ihrer Wirkung Bismarck die einheitliche Verteidigung der ganzen Nation allen äußeren Angriffen gegenüber gesichert hatte.

Überdies setzt er sich allen französischen Aspirationen in jeder hiezu geeigneten Frage entgegen. Die wichtigste unter diesen ist die römische Frage: Napoleon zieht im Monate Dezember 1866 seine Truppen aus Rom zurück, aber schon im folgenden Herbste muß er dem durch die Garibaldisten bedrängten Papste zu Hilfe eilen.

Die Schlacht bei Mentana, welche die weltliche Herrschaft des Papstes rettet, entscheiden die wunderwirkenden französischen Chassepots und der durch die rednerischen Erfolge von Thiers aufgebrachte und durch die Stimmung der Kammer fortgerissene Rouher beendet am 5. Dezember 1867 mit der Erklärung seine Rede, daß Rom niemals in die Hände Italiens gelangen werde. Frankreich werde diesen seiner Ehre zugefügten Abbruch niemals dulden. Mit dieser Erklärung ist die von Napoleon so sehr gewünschte italienische Allianz unmöglich gemacht. Nichts ist natürlicher, als daß er dieser lästigen Frage sich im Wege einer europäischen Konferenz entledigen will und daß diese, wieder durch die entschiedene Zurückweisung des norddeutschen Bundes unmöglich gemacht wird.

Man weiß in Berlin gut, daß nebst den durch Marschall Niel mit erbitterter Energie in Angriff genommenen militärischen Reformen die französische Diplomatie alles unternimmt, um die Tripelallianz mit Österreich und Italien zustande zu bringen.

Die persönlichen Gesinnungen König Viktor Emanuels und seiner Ratgeber piemontesischer Abstammung sprechen entschieden für diese und sie würden sicherlich mit Bereitwilligkeit das Bündnis abschließen, wenn ihm Rom nicht im Wege stehen würde.

Was aber Österreich anbelangt, lebt unzweifelhaft der Preußenhaß gerade in jenen hohen gesellschaftlichen Kreisen, in welchen Herzog Gramont offenen Armen und der kongenialen Atmosphäre verwandter Seelen begegnet. Sie lassen vor ihm ihrer Erbitterung über den preußischen Sieg freien Lauf, sie entwerfen ihre die Niederwerfung der gehaßten Parvenugroßmacht bezweckenden Revancheplräne. Dies alles nimmt der in seinem französischen Stolze tiefverletzte, die Wiederherstellung der französischen Hegemonie herbeisehnende, oberflächliche und leichtsinnige Botschafter für bare Münze und erweckt mit seinen Berichten in Paris die Hoffnung, daß Österreich-Ungarn sich fieberhaft vorbereite und Farbe bekennen werde, sobald es sich genug stark fühlen werde.

Freilich erweist sich dies alles als bittere Illusion. Der Herrscher selbst ist über diese Leidenschaften hoch erhaben. Er hält an dem Frieden ehrlich fest und denkt nur an die Befestigung seiner Verteidigungsposition. In dem Reiche, das sich in die konstitutionelle dualistische Monarchie umgestaltet hat, haben die alten antipreußischen österreichischen Adelkreise ihren politischen Einfluß verloren. Die sich in die Leitung der Monarchie teilenden Deutschliberalen und Ungarn akzeptieren bona fide die veränderte Lage und bemühen sich um die Befestigung des Friedens und um die Wiederherstellung des guten Verhältnisses mit Preußen. Unter solchen Umständen fühlt Beust bei all seinem Preußenhasse seine Hände gebunden und wenn er auch das gute freundschaftliche Verhältnis mit Napoleon pflegt, wenn er auch bestrebt ist, dasselbe in augenscheinlichen Äußerlichkeiten zum Ausdruck gelangen zu lassen, so führt dies alles im Endresultate nur zum Austausche von Höflichkeiten, die zu nichts verpflichten und Österreich-Ungarn verschließt sich vor der Übernahme jedweder positiven Verpflichtung.

1869 gewinnen einen etwas ernsteren Anschein die Verhandlungen, welche der Kaiser nach seiner guten alten Gewohnheit unter Umgehung seiner offiziellen Diplomatie im Wege von Rouher mit den Emissären Beusts und Viktor Emanuels führt. Schließlich endigt aber auch dies ohne greifbares Resultat und mit dem Austausche von eigenhändigen Briefen der drei Herrscher, in welchen sie einander nur versichern, daß sie hinterrücks mit einer anderen Macht nicht paktieren werden.

Endlich im Frühling 1870 leben nochmals, zum letzten Male die auf das österreichische Bündnis bezüglichen Hoffnungen Napoleons auf.

Im Monate März besucht Erzherzog Albrecht Paris. Als den hervorragendsten General der österreichischen Armee und den angesehensten Repräsentanten der antipreußischen Tendenzen empfängt und feiert man ihn mit ostentativer Wärme. In wiederholten Gesprächen entwickelt er vor dem Kaiser seine Ansichten über die strategische Entwicklung eines gegen Preußen zu führenden Koalitionskrieges. Napoleon erblickt in diesen rein akademischen Erörterungen eine neue Ergreifung der Initiative zum französisch-österreichischen Bündnis und schickt am 19. Mai nach Besprechung der Fragen mit seinen führenden Generälen den General Lebrun nach Wien behufs Finalisierung des Gedankenaustausches.

Um Aufsehen zu vermeiden, reist Lebrun langsam als Tourist, gelangt am 7. Juni in das Schloß des Erzherzogs nach Baden. Sie kommen dreimal zusammen. Der Erzherzog betont wiederholt, daß er sich mit der Frage rein akademisch befasse. Er kenne die Intentionen seiner Regierung nicht, aber auch aus rein militärischen Gründen könne er nur nach sechs Wochen vom Beschlusse des Krieges aktive Teilnahme versprechen. Am 16. Juni empfängt der Herrscher selbst Lebrun. Er erklärt, daß er Frieden wünsche und Krieg nur dann führen würde, wenn er gezwungen werde. Er könne sich nur dann in den Krieg einmischen, wenn Napoleon als Befreier der süddeutschen Staaten auf dem deutschen Kriegsschauplatze erscheinen sollte und diese ihn zur Mitwirkung auffordern würden. Mit dieser für Napoleon bestimmten Antwort entläßt er den General.

Lebrun kehrt am 22. Juni nach Paris zurück und, in einen langen Bericht zusammengefaßt, übergibt er dies alles am 30. Juni dem Kaiser. Zwei Tage später bricht das Ungewitter los, welches das Kaiserreich gänzlich wegfegt.

Kaum ein halbes Jahr vor der Katastrophe macht dieses eine wesentliche Umgestaltung durch. Es entkleidet sich seines autokratischen Charakters. Wenigstens teilweise nimmt es die Form einer parlamentarischen Regierung an. Der immer schwächer werdende Kaiser will die Last der Verantwortung mit anderen teilen und wünscht, aus dem Nimbus populärer Männer für die Befestigung seines schwankenden Thrones Kraft zu schöpfen.

Am 2. Jänner 1870 konstituiert sich das neue Kabinett. Es hat kein sichtbares Haupt, aber das einflußreichste Mitglied ist, besonders nach dem Austritte der drei orleanistischen Minister (Daru, Buffet und Talhonët), der Justizminister Emil Ollivier.

Er war das Prototyp des mit gefährlicher rednerischer Begabung ausgestatteten, oberflächlich gebildeten, seicht denkenden, mit Schlagworten wirkenden und unter die Herrschaft seiner eigenen Schlagworte gelangenden französischen demagogischen Advokaten, wie solche in Unzahl das öffentliche Leben der für die Phrase, für die Deklamation und Schmeichelei empfänglichen und entzündbaren französischen Nation überschwemmen. Seine hervorragende Rolle verdankt er einerseits seinen den Durchschnitt weit überschreitenden rednerischen Fähigkeiten, andrerseits dem Umstande, daß er seine durch eine radikale Vergangenheit erworbene große Volkstümlichkeit im gehörigen Momente dem Kaiser, der sich in einen verfassungsmäßigen Herrscher umwandeln will, zur Verfügung stellt. Unter dem wachsenden Mißtrauen seiner alten Freunde, unter der schlecht verborgenen Antipathie seiner neuen Parteigenossen übernimmt er seine vermeintliche Mission: die Schaffung des liberalen Kaisertums.

Welche Unwissenheit und Unerfahrenheit er besonders bezüglich der internationalen Verhältnisse, welchen erschreckenden Mangel er in der richtigen Beurteilung jener Kräfte, welche die Menschheit bewegen, der tatsächlichen Machtverhältnisse, der zur Leitung des Schicksals der Völker zulässigen und zum Ziele führenden Mittel in diese seine Stellung mitbringt, hievon kann sich nur derjenige einen Begriff bilden, welcher sich durch den Phrasenozean seiner „L'empire liberal" betitelten schon auf 14 Bände angewachsenen Memoiren durchgekämpft hat. Mit der ganzen seelischen Leere und Hohlheit des Kaffeehauspolitikers schickt er sich an, das Schicksal einer großen Nation zu leiten; wenn man seine gerade auf die Zeit der Krise vor dem preußischen Kriege selbstrechtfertigenden, rein selbstlobenden Erzählungen liest, fragt man sich wahrlich erstaunt: ist es möglich, daß das Schicksal einer großen Nation, das Leben Hunderttausender, das Wohl von Generationen in den Händen solcher Stümper ein Spielzeug werden könne?

Die äußere Politik behandelt er mit der vollständigen Unwissenheit und Überhebung des Pariser Boulevardier, aber mit einem gewissen, volksbeglückenden friedensapostolischen Anstrich überzogen. Er begeistert sich für die Freiheit der Völker, für die Brüderlichkeit, für den Frieden. Er entbietet rührende Seufzer nach Deutschland, nach dem wahren Deutschland, nach dem Deutschland des Idealismus, der Gemütlichkeit, der nationalen Unfähigkeit, wo nur Leute wie Goethe und Gretchen den Menschen umgeben und der abscheuliche Bismarck, Moltke und andere ähnliche in die heutige Welt nicht gehörige Panzergestalten die Harmonie stören. Er weiß eigentlich noch heute nicht, daß seine jeden Anstand und Ehrbarkeit verletzende, das deutsche nationale Selbstbewußtsein bis zum Blute aufpeitschende, provozierende Vorgangsweise die deutsche Invasion über seine Nation gebracht hat.

Sein erster Minister des Äußern Daru erfaßt seine Aufgabe mit soliderem Verständnisse, mit mehr Vorbereitung, aber auch mit der Naivität des Anfängers. Seine für sich zur Orientierung geschriebenen Notizen sind wahrlich kindisch. Seine Absichten sind gute: „Anerkennen wir den status quo," sagt er, „obzwar wir ihn nicht gesucht haben. Erregen wir keine strittigen Fragen und wenn solche entstehen, unterdrücken wir sie". Er schreibt aber doch schon am 17. Jänner im Tone der lächerlichsten Überhebung an Benedetti, was er Preußen und Rußland nachsehen werde und was nicht, und am 8. März übt er im Gespräche mit dem norddeutschen Gesandten Werther in anmaßendem Tone Kritik über den Ausspruch Bismarcks, daß den süddeutschen Staaten das Recht des Anschlusses an den norddeutschen Bund zusteht.

Das alles zieht ohne besonderes Unheil vorbei. Ollivier verleiht, anstatt daß er die Sache vor den Ministerrat bringen würde, in journalistischen Interviews seiner entgegengesetzten Meinung Ausdruck und Daru tritt mit seinen engeren Gesinnungsgenossen wegen des Plebiszites aus dem Kabinette aus. Seine Stelle besetzt Ollivier provisorisch mit Gramont, als einem jederzeit amovierbaren Strohmanne, weil ihn die inneren großen Reformen noch immer zu sehr verhindern, daß er die Leitung der äußeren Angelegenheiten selbst in die Hand nehme.

Wenigstens stellt er schon die Sache so dar. Es sei uns aber gestattet, dies mit allem Respekt zu bezweifeln. So weit war die Sache noch nicht gediehen, daß er über die Portefeuilles disponiert hätte. Wie sehr auch Napoleon schon herabgekommen war, es ist doch nicht denkbar, daß er die Leitung der auswärtigen Angelegenheiten seinen unerfahrenen Händen anvertraut hätte. Vom ersten Augenblicke angefangen ist auch das Verhältnis zwischen Ollivier und Gramont kein solches, als wenn sich dieser einfach für einen Lückenbüßer betrachtet hätte. Viel wahrscheinlicher ist, daß ihn Napoleon gerade als berufsmäßigen gebildeten Diplomaten und als die Wiener Verhältnisse gründlich kennenden, dort eine gute Position innehabenden Staatsmann auf diese Stelle berufen hat.

Wie sich die Sache auch verhalten mag, eine unglücklichere Wahl konnte er nicht treffen. —

Die Oberflächlichkeit und Unwissenheit des aus dem Demagogen gewordenen Ministers ergänzen die Präpotenz und der Leichtsinn des Grand-Seigneur-Ministers. Hinter imponierendem und nebstbei Sympathie erregendem gewinnenden äußeren Auftreten und feiner Lebensart sind alle gefährlichen Eigenschaften einer in Vorurteilen aufgewachsenen, leidenschaftlichen, gewissenlosen, befangenen Individualität verborgen. Sein Wiener Aufenthalt ist für ihn geradezu verhängnisvoll, weil er in ihm bezüglich Österreichs unbegreifliche Illusionen erregt und seinen Preußenhaß potenziert.

Neben den zwei Ministern verdient nur noch der Kriegsminister Erwähnung, der zur traurigen Berühmtheit gelangte Marschall Leboeuf, welchen jedermann für eine erstklassige militärische Autorität hält und dessen auf die Bereitschaft des Heeres und auf die Chancen des Siegers bezüglichen Aussprüche als heilige Schrift hingenommen werden. Die übrigen Minister sind wohlwollende, in ihren Ressorts mehr oder weniger verdienstvolle Politiker, aber für die richtige Beurteilung und Dirigierung der an der Schwelle stehenden großen äußeren Verwicklung ganz unfähig.

Diese Männer leiten das Schicksal Frankreichs, als am 3. Juli die erste Nachricht von der Kandidatur des Prinzen Leopold von Hohenzollern auf den spanischen Thron nach Paris gelangt.

———

VI.

Bevor wir zur Erzählung der an der Schwelle stehenden Katastrophe schreiten, werfen wir auf ihre Antezedentien einen Blick.

Seit 1868 trachten die Führer der spanischen Nation mit der größten Kraftanspannung den durch die Vertreibung der Königin Isabella unbesetzten Thron zu besetzen. Unter den in Kombination kommenden Kandidaten begegnet der Herzog von Montpensier vermöge seiner Verwandtschaft mit den Orleans dem Widerstande Napoleons, König Ferdinand, der Vater des portugiesischen Königs Prinz Philipp Koburg, sodann der Herzog von Genua und von Aosta refüsieren wiederholt den Thron. So gelangt der Name des Prinzen Leopold von Hohenzollern wiederholt in den Vordergrund. Einzelne Blätter erwähnen ihn schon im Jahre 1868, ohne daß sie stärkeren Widerhall erregen würden.

Erst im März 1869 erregt Aufsehen, daß Salazar, ein Intimus des spanischen Ministerpräsidenten Prim für den Prinzen Leopold in einer Flugschrift eintritt und der gewesene spanische Botschafter in Berlin Rances mit dem Prinzen gleichzeitig einige Tage in Berlin weilt. Über Auftrag von Paris bringt dies Benedetti am 31. März vor dem Staatssekretär Thile zur Sprache, der den abwesenden Kanzler vertritt. Er erklärt, daß er auf die Kenntnis der Wahrheit ein großes Gewicht legen müsse, weil dies eine sehr ernste Neuigkeit wäre und seine Regierung in höchstem Grade interessieren würde.

Thile erklärt bestimmt, daß er von der Sache nichts wisse. Dies bringt Benedetti in Paris mit der Bemerkung zur Kenntnis, daß Thile in die persönlichen Ansichten Bismarcks nicht immer eingeweiht sei.

Nach einigen Tagen wird Benedetti nach Paris berufen. Der Kaiser sagt ihm: „Die Kandidatur von Montpensier ist nur antidynastisch, ich könnte sie akzeptieren, die Kandidatur des Prinzen Leopold richtet sich gegen die Nation, das Land kann sie nicht ertragen, es muß ihr zuvorgekommen werden". Er weist Benedetti an, daß er dies Bismarck selbst sage.

Diese Zusammenkunft erfolgt am 11. Mai. Bismarck vertieft sich in ein langes, vertrauliches Gespräch. Er schildert die Schwierigkeiten, das Risiko der Unternehmung. „Der König würde sie," sagt er, „sicherlich nicht empfehlen, der Vater des Prinzen ist in die Idee auch nicht verliebt." „War aber die Frage aufgeworfen?" bemerkt Benedetti. „Ich hatte Gelegenheit, darüber mit dem Könige und dem Fürsten Anton zu sprechen," antwortete Bismarck ruhig und sodann spricht er über jedes geringfügige Detail der Frage weiter. Nach dem Berichte von Benedetti gibt er auf seine Bemerkung, daß der Prinz nur mit Zustimmung des Königs den Thron annehmen könne, der König daher sein Verhalten bestimmen müsse, keine bestimmte Antwort und Benedetti verweist im Laufe der ganzen Unterredung nur mit der einen Erklärung auf den Ernst der Frage: „Welche große Zurückhaltung auch Frankreich den spanischen Ereignissen gegenüber bekunden möge, es sei sein erstklassiges Interesse, daß es die Entwicklung derselben mit Aufmerksamkeit begleiten könne".

So verhält sich die Sache nach der Darstellung von Benedetti. Hiemit hat er aber durchaus der Weisung nicht entsprochen, daß er Bismarck über die Stellungnahme Frankreichs verständige. Er schließt seinen Bericht damit, daß Bismarck ihn über die Grundlosigkeit der aufgetauchten Nachrichten zu überzeugen trachtet, aber sich sorgsam gehütet habe, ihn zu versichern, daß der König dem Prinzen die Annahme der Krone niemals gestatten werde. „In Berücksichtigung des heiklen Wesens der Angelegenheit," sagt er, „wollte ich ohne neuerlichen Befehl nicht den Kanzler entschieden zur Verantwortung ziehen."

Rouher billigt die Reserve des Botschafters und weist ihn nur an, die Ereignisse mit Aufmerksamkeit zu beachten. Von diesem Augenblicke an unternimmt die französische Regierung keinen einzigen Schritt weder in Madrid noch in Berlin, mit welchem sie offen erklären würde, daß sie sich mit dieser Kandidatur nicht abfinden könne und den hieraus entstehenden Gefahren zuvorzukommen versuchen würde.

Im August besucht Prim Napoleon in Paris, der rumänische Fürst Karl, der Bruder des Prinzen Leopold, verbringt im Oktober mehrere Tage im vertraulichen, intimen Verkehre mit ihnen. Die Sache erwähnt er mit keinem Worte weder vor dem einen noch dem andern, während er vor dem bei ihm seine Aufwartung machenden spanischen Minister Silvelas sich dahin äußert, Spanien sei ausschließlich dazu berufen, daß es über sein Schicksal entscheide.

Seit dem Frühling 1869 taucht die Kandidatur des Prinzen wiederholt auf und tritt neuerlich in den Hintergrund.

Am 19. September kommt Salazar mit dem Prinzen und seinem Vater zusammen, sodann auch mit der Prinzessin, aus der Sache kann aber nichts werden, weil Leopold die Annahme an unmögliche Bedingungen knüpft.

Man wendet sich daher an den Herzog von Genua und erst dann, als auch er im Monate Jänner 1870 eine ablehnende Antwort erteilt, kehrt man zu den Hohenzollern zurück. Im Februar kommt Salazar nach Berlin zurück.

„Schon wieder eine Hohenzollernkandidatur in Spanien!" schreibt am 26. Februar König Wilhelm verdrossen an Bismarck. — Nachdem Sie von den Einzelheiten der Sache unterrichtet sind, müssen wir sie besprechen, obzwar ich grundsätzlich das Ganze mißbillige."

Hierauf schreibt Bismarck ein langes Memorandum, in welchem er die Vorteile der Kandidatur erörtert. „Graf Bismarck empfiehlt sehr warm die Annahme der Kandidatur," schreibt man aus Berlin dem rumänischen Fürsten Karl, aber er kann nur schwer die Weigerung des Königs überwinden, der erst in einem am 15. März abgehaltenen Familienrate erklärte, daß er der Annahme der Kandidatur nicht widerstrebe.

Man muß sich auch fernerhin durch viele Ungewißheiten durcharbeiten. Erst weist Leopold, sodann der anstatt seiner aufgeforderte Prinz Friedrich den Thron zurück. Dieser letztere hätte denselben nur auf Befehl des Königs angenommen, befehlen wollte es aber der König nicht. Am 22. April werden die Verhandlungen unterbrochen.

Ende Mai beginnt Leopold infolge neuerlicher Ratschläge und Überredung des Kronprinzen wieder zu schwanken. Bismarck tritt auch neuerlich in Aktion. Er schreibt dem Prinzen und erhält schon am 6. Juni die Antwort, daß er die Kandidatur anzunehmen bereit sei.

Jetzt schreibt schon Bismarck Prim und einem anderen spanischen Politiker, dessen Person nicht festgestellt werden kann. Er erklärt, daß nur von dem Entschlusse der spanischen Nation und des großjährigen Prinzen die Rede sei. Die Einwilligung erteilt das Familienoberhaupt. Dies ist keine Staatssache. Er nimmt an den Beratungen nicht als Ministerpräsident, sondern als Vertrauensmann des Königs teil.

Prim spricht am 11. Juni in rätselhaften, aber die Wahrheit ahnen lassenden Worten im Cortez von dieser Kombination. Dies drängt auch Napoleon aus seiner Untätigkeit heraus. Am 17. Juni weist er Gramont an, man müsse erfahren, ob sie wahr sei und im bejahenden Falle, in Berlin und Madrid wissen lassen, wie sehr uns diese Kombination nicht gefallen würde.

Gramont schreibt am 18. Juni Mercier, dem französischen Botschafter in Madrid: er wolle unbedingt wissen, was Wahres an der Sache sei, weil es überflüssig zu sagen sei, wie eine solche Kombination in Frankreich beurteilt werden würde. Die durch sie hervorgerufenen schweren Einwürfe sind in die Augen springend.

Am 23. Juni schickt Mercier eine unklare Antwort, aus der nur soviel hervorgeht, daß er nicht gehörig orientiert sei. Unter einem gibt er bekannt, daß Prim für Juli in Vichy seinen Besuch anmeldet. Im Vertrauen hierauf macht Gramont keinen Schritt in Berlin. Mittlerweile reist Salazar wieder nach Deutschland, kommt am 19. Juni in Sigmaringen mit dem Prinzen Leopold und seinem Vater zusammen, der die Einwilligung des Königs verlangt und sie am 21. Juni auch erhält.

Salazar reist am 23. zurück und langt am 28. in Madrid an. Sein Plan ist, daß die Wahl sofort erfolge und Europa vor eine vollendete Tatsache gestellt werde. Dort angelangt trifft ihn eine entsetzliche Enttäuschung. Seine Depesche ist verstümmelt eingetroffen und infolgedessen hat sich der Cortes am 24. vertagt. Prim ist auch auf dem Lande und kehrt erst am 1. Juli morgens nach Madrid zurück. Schon auf der Station erfährt er, daß Zorilla, der Präsident der Abgeordnetenkammer, das Geheimnis verraten hat und das ganze Projekt vorzeitig bekannt geworden ist. Am 2. erzählt man es in der Stadt überall. Er unterbreitet es dem Ministerrate und teilt es abends unter langen entschuldigenden Erklärungen dem französischen Botschafter mit.

VII.

Am 3. morgens empfängt Gramont die Depesche von Mercier, woraus er von der Hohenzollernkandidatur amtlich Kenntnis erlangt. Er eilt sofort zum Kaiser, welcher besonders über den unfreundschaftlichen Vorgang des Hohenzollernprinzen verstimmt ist, daß ihm die ganze Sache verheimlicht und er vor eine solche Überraschung gestellt wird. Er ermächtigt Gramont, daß er Erkundigungsdepeschen nach Madrid und Berlin sende. Gramont eilt vom Kaiser zu Ollivier, der aber den ganzen Tag (es war Sonntag) auf dem Lande verbringt, weshalb er ihm nur einen Brief zurückläßt, in welchem er ihm die Vorfälle zur Kenntnis bringt und hinzufügt: „Dies ist eine sehr ernste Sache. Offiziell und offen bei unserem reservierten Standpunkte verharrend, müssen wir diese Intrige vereiteln. Morgen beginnen wir eine vorsichtige aber ernste Aktion in der Presse".

Am 3. abends weist er Mercier an, daß er den Kampf gegen die Hohenzollernkandidatur beginne, daß er den Prinzen vor dem spanischen Volke zu diskreditieren trachte, daß er Geschicklichkeit und Energie zeige. Nach Berlin depeschiert er dem Geschäftsträger Le Sourd, welcher den abwesenden Botschafter vertritt: „Wir würden gerne glauben, daß das Berliner Kabinett an dieser Intrige nicht beteiligt sei. Im entgegengesetzten Falle würde das Verhalten der Regierung in uns Gedanken erwecken, welche ich einer Depesche nicht anvertrauen kann. Die ganze Sache hat einen sehr schlechten Eindruck gemacht und ich fordere Sie auf, daß Sie dies auch zum Ausdruck bringen. Ich erwarte die detaillierte Information, welche Sie mir in dieser Angelegenheit geben werden können".

Anstatt der mit dem Kaiser besprochenen zwei erkundigenden Depeschen hat also Gramont eine eigenmächtig festgesetzte Weisung an seine beiden Vertreter geschickt, aus welcher aber auch hervorgeht, daß er in diesem ersten Stadium der Angelegenheit die Frage bereinigen will, ob die Berliner Regierung mit dieser Unternehmung solidarisch sei, und nur für den letzteren Fall stellt er gewisse Konsequenzen in Aussicht. Dasselbe geht auch aus seinem mit dem norddeutschen Botschafter Werther geführtem Gespräche hervor. Dieser nimmt am 5. von ihm Abschied, um zum Besuche seines Königs nach Ems zu fahren. Gramont ersucht ihn, daß er respektvoll vor dem König die Gefahren der Lage darlege und wie sehr die Hintanhaltung derselben ein wechselseitiges Interesse beider Nationen sei. Er gibt ihm zu verstehen, ohne irgendwelche endgültige Erklärung gemacht zu haben, daß Frankreich sich schwer entschließen könnte, zur Duldung solcher Gestaltungen, die seine Sicherheit gefährden könnten.

Mittlerweile empfängt Le Sourd die Depesche von Gramont und besucht mit ihr Thile, den Staatssekretär des abwesenden Bismarck. Dieser fragt sofort bei den ersten Worten des Franzosen, ob er sein Auftreten als eine offizielle Rechenschaftforderung betrachten solle, weil er im letzteren Falle keine Antwort erteilen könne, bis er die Befehle des Königs eingeholt habe. Als ihn sodann Le Sourd beruhigt, daß er einfach deshalb komme, um eine freundschaftliche Information über eine beunruhigende Nachricht zu erhalten, erklärt Thile, daß für die preußische Regierung diese ganze Frage nicht vorhanden sei.

Am 4. Juli befaßt sich die französische Regierung überhaupt nicht mit der Frage, ja am 5. läßt der Kaiser sogar nur Gramont und Ollivier zu sich berufen und wird hinter dem Rücken der übrigen Mitglieder der Regierung mit ihnen über die näheren Agenden einig. Die verschiedensten Kombinationen und Ratschläge tauchen auf. Beust läßt sagen, daß es am besten wäre, die Reise des Prinzen nach Spanien zu verhindern und ihn, wenn er auch auf dem Seewege sich dorthin begeben sollte, durch die französische Marine anhalten zu lassen. Nach anderen müßte man sich gegen Spanien wenden und die Wahl des Prinzen in dem spanischen Cortes verhindern. Über alle diese Kombinationen geht man bald zur Tagesordnung über; die meiste Anziehungskraft wirkt auf den Kaiser sein altes Lieblingsexpediens, die Idee der Einberufung einer internationalen Konferenz, sie wird aber auch fallen gelassen, hauptsächlich wegen der Kürze der Zeit. Endlich entschließt man sich, daß Preußen für die ganze Angelegenheit verantwortlich gemacht wird, daß man sich gegen dieses wende, und zwar, weil die Berliner Regierung ihre Solidarität verleugnet und sich der Verhandlung der Frage verschließt, durch eine in der französischen Abgeordnetenkammer abzugebende offene und aufrichtige Erklärung.

Nach Ollivier glaubten sie dem Frieden durch die aufrichtige, klare, ruhige Entwicklung ihres Standpunktes einen Dienst zu erweisen. Er geht vom Kaiser in die französische Abgeordnetenkammer, wo über das Zureden des um den Frieden besorgten Thiers Cochery in der Angelegenheit der Hohenzollernkandidatur eine Interpellation anmeldet. Man fragt ihn, ob er gegen die Interpellation nichts einzuwenden habe und er akzeptiert dieselbe nicht nur im Sinne der am Morgen geschlossenen Einigung, sondern er verlangt deren Stellung auf die Tagesordnung für den folgenden Tag. Auf diese Nachricht bricht schon zwischen den Mitgliedern der Kammer die Aufregung aus und die kriegerische Stimmung gewinnt die Oberhand. Die am 5. erschienenen Zeitungen schüren stark das Feuer, sprechen von einer Insulte, von einem Attentate gegen Frankreich und insbesondere die Mitglieder der bonapartistischen Rechten umgeben den Interpellanten und ermuntern ihn, daß er in je energischerem Tone spreche.

Die Wirkung dieser Stimmung ist auch an dem Verhalten von Gramont wahrzunehmen. Wir haben oben seine ersten Depeschen gesehen. Jetzt sagt er schon dem englischen Botschafter Lord Lyons, daß man diese Kombination nicht dulden und daß man behufs ihrer Vereitlung vor nichts zurückschrecken werde. Am nächsten Tage depeschiert er dem Petersburger Botschafter Fleury, daß es den Krieg zur Folge haben werde, wenn Preußen an der spanischen Kandidatur des Prinzen festhält.

Am 6. Juli Morgens hält die französische Regierung in dieser Angelegenheit den ersten Ministerrat unter dem Vorsitze des Kaisers ab. Die oben charakterisierten Memoiren von Ollivier beschreiben die dortigen Vorfälle weitläufig. In erster Reihe wünscht man selbstverständlich Aufklärung über die Kriegsbereitschaft, worauf der Kriegsminister Le Boeuf die kategorischesten Erklärungen abgibt.

Zweite Frage: kann man auf Bundesgenossen rechnen? Hier folgt eine fast unglaubliche Beschreibung des weiteren Verlaufes des Ministerrates. Eine wie bescheidene Meinung auch jemand über die politischen Fähigkeiten der damaligen Ratgeber Napoleons hat, es ist unmöglich, daß die Ereignisse sich so abgespielt hätten, wie sie uns der traurige Held der damaligen Begebenheiten darstellt. Wenn Ollivier seiner Reputation dadurch einen Dienst zu erweisen glaubt, daß er die Ereignisse in solcher Beleuchtung schildert, so ist dies ein vernichtenderer Beweis für sein politisches Niveau und für seine Urteilsfähigkeit, als jede Kritik. Diesen Teil seiner Memoiren in ihrer ganzen Erbärmlichkeit in kurzem Auszuge zu reproduzieren, ist kaum möglich. Nach ihm bespricht man damals, bei Ausbruch der mit Krieg drohenden Komplikation in einer solchen Manier und auf einem solchen Niveau die Frage des Verhältnisses zu den übrigen Staaten, wie gewisse Dilettantenpolitiker, die durch die Aufstellung verschiedener internationaler Kombinationen die Zeit totzuschlagen trachten. Man nimmt die Möglichkeiten des englischen, russischen, des österreichischen Bündnisses der Reihe nach her. Er selbst, sagt Ollivier, neigt sich dem russischen Bündnisse zu. Er beantragt, daß man sich nach St. Petersburg wende und die Revision des Pariser Friedens anbiete. Nach Gramont ist jetzt hiefür keine Zeit, hingegen ist man in Österreich in der besten Stimmung für uns und man kann mit einem vollständig bereiten prachtvollen Heere uns zu Hilfe kommen. Als Ollivier noch immer bescheidene Bemerkungen macht, steht der Kaiser auf, nimmt die Briefe des österreichischen und italienischen Herrschers vom Jahre 1869 aus seinem Schreibtische heraus und überzeugt mit deren Hilfe die Minister, daß „diese beiden Herrscher ihr Wort halten werden". Dies alles beruhigt schließlich den Ministerrat darüber, daß Frankreich auf das österreichisch-italienische Bündnis rechnen könne.

Man weiß wirklich nicht, ob man den Mitgliedern eines Selbstbildungsvereines, den tonangebenden Politikern einer Tischgesellschaft oder den verantwortlichen Leitern des Schicksales einer großen Nation gegenübersteht. Wie hat man denn nach halbjähriger Regierung die tiefsteinschneidenden Probleme der auswärtigen Lage Frankreichs mit solcher profaner Bewußtlosigkeit behandeln können? Gelangt Ollivier, der sich mit Vorliebe im langen Verlaufe von Jahren mit der Lenkung des Schicksals der Welt beschäftigt hat, jetzt einfallsweise auf den Gedanken der Revision des Pariser Friedens? Glaubt er, daß er in einigen Tagen das Bündnis Rußlands gegenüber jener Macht erlangen kann, welche schon im Krimkriege Rußland gegenüber allein Wohlwollen bekundet hat und mit diesem seit dem polnischen Aufstande vom Jahre 1863 in engstem freundschaftlichen Verhältnisse steht? Was aber das österreichisch-ungarische Bündnis anbelangt, so hat Gramont, wie wir oben gesehen haben, durch Schlußfolgerung aus der Stimmung gewisser Wiener Kreise tatsächlich bezüglich der Politik der Monarchie in Illusion gelebt.

Wissen mußte er es aber, daß alle Voraussetzungen für den Abschluß eines den sofortigen Krieg bezweckenden Schutz- und Trutzbündnisses mangeln, sowie auch, daß man an ein Bündnis mit Italien ohne das Opfer Roms gar nicht denken konnte.

Und schließlich, die Rolle des Kaisers in dieser ganzen Frage! Weil wir Napoleon kennen, erachten wir es nicht für ganz ausgeschlossen, daß er auch seinen damaligen Ratgebern gegenüber seinen alten Verschwöreralluren gefolgt ist und die mit Italien und Österreich gepflogenen offiziellen Gedankenaustausche vor seinen Ministern geheim gehalten hat. Es ist auch nicht unmöglich, daß von der Mission des Generals Le Brun außer dem Kriegsminister keiner seiner Ratgeber etwas gewußt hat. Er wußte aber, wie die Sache steht. Er wußte, daß 1869 seine die Schaffung der Tripleallianz bezweckenden Bestrebungen keinen Erfolg gezeitigt haben und daß in den Briefen der Herrscher, welche den Gedankenaustausch beendet haben, keine andere Verpflichtung enthalten war, als daß die interessierten drei Staaten hinter dem Rücken von einander mit anderen Mächten kein Bündnis schließen. Aber wenn man weiter geht, in den unmittelbar vorangegangenen Monaten und Wochen haben sich der Pariser Besuch des Erzherzog Albrecht und die Wiener Verhandlungen des Generals Le Brun abgespielt. Der letztere ist vor zwei Wochen nach Paris zurückgekehrt. Sein schriftlicher Bericht ist dem Kaiser seit einer Woche vorgelegen; aus diesem geht klar hervor, daß Frankreich in einem aggressiven Kriege gegen Preußen auf die Mitwirkung Österreich-Ungarns nicht rechnen kann. Wenn Napoleon dies alles verschwiegen haben würde und seine Minister zu überzeugen getrachtet hätte, daß man im Kampfe gegen Preußen auf die Teilnahme Österreich-Ungarns und Italiens rechnen könne, so hätte er eine bewußte Unwahrheit gesagt, welche nur dann einen Sinn gehabt hätte, wenn er den Krieg gewünscht haben würde und diesen nur durch die Irreführung seiner Minister durchzusetzen vermocht hätte. Wie wir aber weiter unten sehen werden, war der Kaiser unter sämtlichen französischen Faktoren der friedlichste und nur nach Verlauf von Tagen hat er über Drängen seiner alten Vertrauten, insbesondere der Kaiserin, der Hetze der Kriegspartei nachgegeben. Wie sich auch übrigens die Sache verhalte, Ollivier behauptet selbst, daß der Kaiser die Briefe der beiden Herrscher verlesen habe. Aus diesen aber konnte niemand ein Bündnis herauslesen und bei Kenntnis der Briefe zu behaupten, daß man im Vertrauen auf das Worthalten der beiden Herrscher in den Krieg gezogen sei, ist eine unverhohlene Verleumdung, welche ihren Urheber tatsächlich in ein trauriges Licht stellt.

Die französische Politik hätte eine Aufgabe von entscheidender Bedeutung gehabt: den süddeutschen Staaten hätte man wenigstens ihre Neutralität gewährleisten und die ganze Sache so behandeln müssen, daß der Casus foederis für sie nicht eintrete. Mit Bayern hätte man einen Versuch machen können und dies wäre der einzige denkbare Weg zu einem Bündnis mit Österreich-Ungarn gewesen.

Von einer diesbezüglichen ernsten Bestrebung ist aber weder in diesem Ministerrate, noch auch im späteren Verhalten der französischen Regierung eine Spur vorhanden.

Wie erbärmlich sie die Frage der Bündnisse behandeln, einen ebenso vollständigen Mangel der staatsmännischen Auffassung des Taktes und der Urteilsfähigkeit beweist ihr Vorgang wegen Feststellung der in der Abgeordnetenkammer abzugebenden Erklärung. Jetzt, auch 40 Jahre nach den Ereignissen, betrachtet Ollivier mit der ganzen Verzückung der väterlichen Liebe dieses sein geistiges Produkt. Damals, unmittelbar vor der Rede, sagt er Cochery: „Sie werden mit uns zufrieden sein; unsere Erklärung ist friedlich, obzwar entschlossen".

Nach Abgabe der Erklärung aber, als er mit Überraschung ihre entgegengesetzte Wirkung wahrnimmt, eilt er auf die Tribüne, erklärt, daß die Regierung den Frieden leidenschaftlich liebt und verleiht dieser Friedensliebe mit seinem ganzen Schwalle ekliger Phrasen Ausdruck.

Sehen wir sonach den wörtlichen Text der von Gramont abgegebenen Erklärung:

„Es ist wahr, daß Marschall Prim die Krone Spaniens dem Prinzen Leopold von Hohenzollern angeboten und der letztere sie angenommen hat, das spanische Volk hat aber seinen Willen noch nicht geäußert und wir kennen noch nicht die wirklichen Einzelheiten dieser vor uns verheimlichten Unterhandlungen. Aus diesem Grunde könnte die Diskussion der Frage heute gar keine praktischen Folgen haben, weshalb wir um ihre Vertagung bitten.

Der spanischen Nation gegenüber haben wir ununterbrochen unserer Sympathie Ausdruck verliehen und sorgfältig alles vermieden, was als Einmischung in die inneren Angelegenheiten einer im vollen Besitze ihrer Souveränität befindlichen edlen und großen Nation erscheinen könnte. Gegenüber den verschiedenen Prätendenten sind wir aus der striktesten Neutralität nicht herausgetreten und keinem gegenüber haben wir Vorliebe oder Abneigung bekundet.

Diesen Vorgang werden wir auch in Hinkunft einhalten, wir glauben aber nicht, daß die Achtung für die Rechte einer benachbarten Nation uns zu dulden zwingen könnte, daß eine fremde Macht einen ihrer Prinzen auf den Thron Karls V. setze und durch die Störung des gegenwärtigen Gleichgewichtes von Europa die Interessen und die Ehre Frankreichs in Gefahr stürzen könne.

Diese Eventualität wird nach unserer festen Überzeugung nicht eintreten.

Bei ihrer Verhinderung zählen wir auf die Weisheit des deutschen Volkes und auf die Freundschaft des spanischen Volkes.

Wenn es anders wäre, werden wir, meine Herren, aus ihrer und der Nation Unterstützung, Kraft schöpfen und wir werden unsere Pflicht ohne Schwankung und Schwäche erfüllen."

Hier ist also die friedliche Erklärung vor uns. Es wäre schwer zu sagen, wo sie verletzender für die preußische Regierung ist. Dort, wo sie von den verheimlichten Unterhandlungen der Regierung spricht, oder dort, wo sie, nachdem er die ehrgeizigen Pläne der fremden Macht an den Pranger gestellt hat, aus der Weisheit des deutschen Volkes Hoffnung schöpft? Der Ton und der Inhalt der ganzen Deklaration verletzen die elementarsten Regeln des im internationalen Verkehre zwischen befreundeten Mächten gebotenen Taktes. Die offene Beschuldigung der jede offizielle Teilnahme in Abrede stellenden deutschen Regierung, der Tadel ihrer Ziele und ihres Vorganges, der drohende Ton und der Umstand, daß sie die Hoffnung der Erhaltung des Friedens nicht von der Weisheit der Regierung, sondern des Volkes erwartet, sind samt und sonders verletzende Provokationen. Die Kontradistinktion aber, welche sie zwischen der Freundschaft des spanischen und zwischen der Weisheit (vulgo Feigheit) des deutschen Volkes macht, ist auch ein Schlag in das Gesicht der deutschen Nation.

So faßt die ganze französische Kammer der Abgeordneten ohne Unterschied der Parteien die Erklärung auf. Cremieux ruft aus: „Diese Worte sind gleichbedeutend mit der Kriegserklärung". Andere apostrophieren auch Gramont: „Dies ist ja der Krieg. Man hat den Handschuh in das Gesicht Preußens geworfen". Thiers ruft erbittert aus: „Dies ist ja Wahnsinn!" Diese Worte der Nüchternheit unterdrückt aber der frenetische Kriegslärm der rechten Seite. Mit elementarer Gewalt brechen der durch den Bonapartismus krankhaft überspannte französische Nationalstolz, die Machtsucht und der Preußenhaß aus und die Anhänger der kaiserlichen Autokratie schüren auch aus Parteiinteresse das Feuer, weil sie von dem Kriege die Wiederherstellung des Glanzes des Kaiserreiches und die neuerliche Oberherrschaft der reaktionären Richtung erwarten. Die Wellen dieser Leidenschaft schlagen über dem Haupt der unglücklichen Verfasser des Manifestes zusammen. Sie verlieren den Boden unter den Füßen und lassen sich ohne Ziel, ratlos, gewissermaßen bewußtlos weiter fortreißen.

Von dieser Erklärung angefangen tritt die Wendung in dem Verhalten des ganzen Auslandes ein. Bisher haben die Regierungen überall in Europa die Aufwerfung des spanischen Abenteuers mißbilligt und Frankreich hätte in seiner auf die Abwendung desselben gerichteten Aktion die Unterstützung von ganz Europa erwarten können. Diese Provokation wird mit Anstoß aufgenommen und auch von den besten Freunden Frankreichs getadelt. Sowohl die englische Regierung als auch Beust überhäufen Gramont mit Vorwürfen. Beide versprechen, daß sie ihre Bemühungen im Interesse des Friedens fortsetzen werden, betonen aber die durch die französische Deklaration erzeugten Schwierigkeiten.

Es ist sonderbar, mit welchem kalten Blute dieselben von der preußischen Regierung und der deutschen öffentlichen Meinung aufgenommen werden. Thile verständigt insgesamt in einem vom 7. Juli datierten Rundschreiben die ausländischen Missionen des norddeutschen Bundes über den Standpunkt der Regierung. Er erklärt, daß die Regierung des norddeutschen Bundes sich mit der Sache niemals befaßt hat und sich in diese auch in Hinkunft niemals einmengen werde, wie dies die französische Regierung ganz gut wissen könne, obzwar der Ton der Erklärung vom 6. Juli in der Kammer der Abgeordneten zwischen ihnen den weiteren freundschaftlichen Gedankenaustausch verhindert. Bismarck hüllt sich noch immer in vollständiges Schweigen und auch die deutsche Presse behandelt die ganze Frage getreu seinen Weisungen vielmehr mit überlegenem Hohne.

Am 7. wendet sich die französische Regierung an ihre angeblichen Bundesgenossen. Es wird in Florenz und Wien das Ersuchen gestellt, daß man in Madrid und Berlin im Interesse des Friedens interveniere. In diesen Aufforderungen ist von einem Bündnisse keine Rede, weder als von einer schon bestehenden, noch auch als von einer erst zu schaffenden Tatsache. Die Bitte richtet sich nur auf freundschaftliche bons offices und fordert Beust auf, er solle in Berlin verstehen lassen, daß man gut tun würde, wenn man den Prinzen Leopold im Interesse des Friedens zum Rücktritte veranlassen würde. Wir sehen also auch, daß noch immer von nichts anderem die Rede ist als vom Rücktritte des Prinzen.

Ebenfalls am 7. abends wird Benedetti telegraphisch aufgefordert nach Ems zu reisen und den König anzugehen. Bei seiner Ankunft in Ems empfängt der französische Botschafter seine amtliche Weisung und den Privatbrief des Ministers des Äußern. Nach der ersteren müsse man sich, nachdem die preußische Regierung erklärt habe, sie habe mit der Sache nichts zu tun, und beabsichtige, sich in dieselbe nicht einzumengen, an den König als Familienhaupt wenden; er möge ihn bitten, daß er dazwischentrete und den Prinzen, wenn auch nicht durch seine Befehle, wenigstens durch seine Ratschläge zur Zurückziehung seiner Annahmeerklärung veranlasse. Der Privatbrief von Gramont zieht ganz andere Saiten auf. Er trägt das Zeichen der fieberhaftesten Ungeduld an sich. Er schreibt, daß man über den 9. hinaus mit der Mobilisierung nicht zuwarten könne. Bis dahin habe er unbedingt den an Leopold gerichteten Befehl des Königs zu erwirken.

Einige Stunden nach Absendung des Briefes erhält Gramont den Bericht von Mercier, laut dessen der spanische Regent die glatte Abwicklung der Frage gerne erleichtere, wenn Leopold freiwillig von der Kandidatur zurücktrete. Am 8. depeschiert er dies Benedetti und ermächtigt ihn, daß er hievon dem König und, falls er es für gut befinde, den Prinzen Leopold unmittelbar verständige. Diese Ermächtigung ändert er am 9. dahin ab, daß er nur mit dem Könige über die Sache spreche, weil es die Würde des Königs erheischt, daß diese Angelegenheit nicht mit dem Prinzen, sondern mit dem König erledigt werde. Wir sehen also, daß der Gedanke langsam in den Vordergrund tritt, daß er diese Frage zur Dokumentierung des Rückzuges des Königs von Preußen und demnach zur Demütigung Preußens benütze, obzwar der französische Standpunkt noch immer schwankend ist und Gramont auch am 8. noch dem englischen Botschafter um die Übergabe einer Antwort ersucht, daß die Frage auch gelöst werden würde, wenn der Prinz von Hohenzollern freiwillig auf die Kandidatur verzichten würde. Dieser freiwillige Verzicht, schreibt Lord Lyons dem englischen Minister des Äußern, wäre nach der Meinung des Herzogs von Gramont die sehr natürliche Lösung dieser schwierigen und komplizierten Frage und der Herzog ersucht die Regierung Ihrer Majestät, daß sie dies durch Aufbietung ihres gesamten Einflusses durchzusetzen bestrebt sein solle.

Zur gleichen Zeit macht auch der Kaiser unmittelbar wieder hinter dem Rücken seiner Minister einen anderen Schritt in derselben Richtung. Strat, der Pariser Vertreter des rumänischen Fürsten Karl, ist ein in allgemeiner Achtung stehender Mann. Der Kaiser läßt ihn rufen, redet ihm zu Herzen, wie schon früher Gramont, schüchtert auch er jetzt ihn ein, daß er die sich in der spanischen Kandidatur äußernde Gesinnung an dem rumänischen Fürsten rächen werde und überredet ihn, sofort nach Sigmaringen zu reisen und zu trachten, daß er die Prinzen von Hohenzollern, Vater und Sohn, zur Abwendung der Gefahr veranlasse.

Die Aktion ist daher nach allen Richtungen in Fluß geraten, im Wege der englischen Regierung, des rumänischen Agenten und schließlich unmittelbar durch den französischen Botschafter.

Benedetti kommt mit König Wilhelm zum ersten Mal am 1. Juli zusammen. Diesen letzteren haben die Madrider Ereignisse unangenehm überrascht. „Die Bombe ist geplatzt," schreibt er am 5. Juli der Königin, „aber ganz anders als vorher gesagt wurde", und in seinem an den Fürsten Anton Hohenzollern, Vater des Prinzen Leopold, geschriebenen Briefe hat er auch seiner Verwunderung darüber Ausdruck verliehen, weshalb Prim über die Kandidatur mit den Franzosen gesprochen hat, bevor die Cortes bezüglich derselben einen Beschluß hätten fassen können. In seinem Gespräche mit Benedetti unterdrückt er seinen Groll über die Erklärung vom 6. Juli und bespricht mit ihm in sehr freundschaftlicher Form eingehend die Frage von dem Standpunkte, daß er ihr als Herrscher vollständig ferne stehe und als Familienhaupt auch nur insoferne sich in diese eingemengt habe, als er den Prinzen in der Annahme der ihm angebotenen Kandidatur nicht behindert habe. Nachdem Preußen die Sache nichts angehe, erteilt er den Rat, daß man sich nach Madrid wende und die spanische Nation von der Begehung einer Frankreich nachteiligen Handlung abhalte. Als aber Benedetti wiederholt die Bitte vorbringt, daß er als Familienhaupt die Sache ordne, erteilt er nur die Antwort, daß er seinerzeit den Prinzen an dem Rücktritte nicht hindern würde. Unter einem gibt er dem Botschafter bekannt, daß er dem Fürsten Anton in diesem Sinne auch schon geschrieben habe, dessen Antwort er ihm zur Kenntnis bringen werde.

Der Bericht von Benedetti über diese Audienz trifft am 10. Juli in Paris ein. Zur Besprechung desselben ladet Ollivier seine Ministerkollegen am 10., um zwei Uhr ein und er verleiht, man weiß nicht warum, seiner Überzeugung Ausdruck, daß „der Krieg uns jetzt schon aufgedrängt ist".

Der Ministerrat stellt sich nicht auf diesen nervösen Standpunkt. In der auf Grund der Beschlüsse desselben nach Ems geschickten Depesche urgiert Gramont nur die Entschließung und fordert Benedetti auf, eine in der französischen Abgeordnetenkammer verlesbare Depesche zu schicken, aus welcher hervorgehen solle, daß der König versprochen habe, er werde mit dem Prinzen sich ins Einvernehmen setzen. Sein am Abend desselben Tages geschriebener Brief ist aber wieder ungeduldiger und kampflustiger. Er gibt der durchaus unbegründeten Überzeugung Ausdruck, daß der an den Prinzen Anton geschriebene Brief nur ein Vorwand sei, unter welchem der König die Sache verzögern wolle, und teilt die unwahre Nachricht mit, daß die preußischen Reservisten schon einberufen werden. „Wenn wir morgen keine Antwort erhalten, mobilisieren wir," sagt er, „und nach wenigen Tagen sind wir beim Rhein."

Gleichfalls am 10. sagt Gramont noch immer dem Lord Lyons, daß die Sache geordnet wäre, wenn der Prinz auf den Rat des Königs seine Annahmeerklärung widerrufen würde, Kaiser Napoleon läßt aber den italienischen Militärattaché Vimercati rufen und schickt durch ihn König Viktor Emanuel die Botschaft, daß der Friede gesichert wäre, wenn die Kandidatur in irgendwelcher Form zurückgezogen werden würde. In entgegengesetztem Falle ist der Krieg unvermeidlich und er bitte um die Unterstützung Italiens.

Am 10. Juli geschieht in Ems nichts Neues. Der König verständigt nur Benedetti, daß er noch keine neuen Nachrichten habe, stellt aber unter einem ihm auf den 11. vormittags eine Audienz in Aussicht. Hierüber berichtet Benedetti in seiner Depesche vom 10. und bittet, daß man auch noch einen Tag weiter auf die endgültige Äußerung warten solle. Der am 11. abgehaltene Ministerrat willigt in diese Vertagung ein, erteilt aber unter einem dem Kriegsminister die Ermächtigung zu gewissen vorbereitenden Verfügungen. Gramont gibt aber in der französischen Kammer die Erklärung ab, daß die Verhandlungen fortdauern und bittet um kurze Geduld.

Der Empfang, dessen sie die überwiegende Mehrheit der französischen Kammer teilhaftig werden läßt, erschrickt die Minister. Die Erklärung vom 6. und der von Tag zu Tag zügellosere Kampfeslärm der durch sie aufgeregten Pariser Presse verfehlen ihre Wirkung nicht. Die angesehensten Pariser Blätter bringen unglaubliche Insulten und Drohungen gegen die Preußen und jene französische Regierung, welche sich in der Verteidigung der Interessen und der Ehre der Nation nicht genug fest erweisen würde.*)

Der unglückliche Gedanke der Forderung von Garantien wird geboren, ein von einzelnen Journalisten hingeworfenes Schlagwort, daß hier nicht nur von der Hohenzollernkandidatur die Rede sei; daß diese an und für sich nur ein unbedeutendes Inzidens bilde, das aber ein Glied in der Kette der Frankreich bedrohenden preußischen Politik sei. Man müsse daher mit der ganzen preußischen Politik abrechnen. Man müsse zum Nachteile Preußens alle zwischen den beiden Nationen strittigen Angelegenheiten erledigen und Garantien zur Verhütung der Wiederkehr ähnlicher Ereignisse fordern. Vor allem müsse aber jene Macht, deren

---

*) „Preußen ist zwischen die Schande und Drohung gezwängt," schreibt der Temps, „es wähle!" „Vergeblich versucht es sich hinter Deutungen zu verbergen; es ist in diesem brutalen Dilemma eingeschlossen." Girardin schließt aber hiemit seinen Artikel in der Liberté: „Preußen will gewiß dem Kampfe ausweichen. Dann jagen wir es mit dem Gewehrkolben im Rücken über den Rhein und säubern das linke Ufer dieses Stromes."

neue Erfolge den französischen Kriegsruhm verdunkeln, gedemütigt werden.

Über diese Stimmung berichtet Ollivier erschrocken in seinem an den Kaiser geschriebenen Briefe, Gramont aber, welcher eine Zusammenkunft mit dem aus Ems nach Paris angelangten Botschafter Werther hat, schreibt er: er möge jede Schonung unterlassen, ihn in die Enge treiben und die „uns gebührliche Reparation erzwingen".

Dieser 11. Tag bringt endlich die Entscheidung in Ansehung der spanischen Kandidatur. König Wilhelm, welcher Benedetti gegenüber mit solcher folgerichtiger Präzision den mit Bismarck besprochenen reservierten Standpunkt wahrt, hat bei den Prinzen von Hohenzollern, wie aus den an die Königin gerichteten Briefen hervorgeht, seinen Einfluß in die Wagschale geworfen, um sie zum Verzicht auf dieses ihr Projekt zu veranlassen. Wie wir gesehen haben, war der König niemals ein Freund dieses Projektes. Er hat der Überredung von Bismarck nachgegeben und es nicht verboten, jetzt aber angesichts der in ganz Europa auftretenden ungünstigen Beurteilung ist er bestrebt, es aus dem Weg zu räumen. In einem am 9. geschriebenen Briefe macht er daher dem Fürsten Anton auf die Gefahren der Sache aufmerksam, und ist sehr aufgebracht, als am 10. die ablehnende Antwort des Fürsten eintrifft. Er erwähnt hievon Benedetti nichts und schickt den Obersten Strantz mit einem neuen Briefe nach Sigmaringen, daß dieser den Ernst der Lage auch persönlich schildere und den Fürsten zur Raison zu bringen trachte. „Gebe Gott den Hohenzollern nüchterne Einsicht," schreibt er am 11. der Königin.

Einige Stunden vor Strantz trifft Strat in Sigmaringen ein und der erstere findet so ziemlich offene Türen vor. Die Rumänien betreffende Drohung Napoleons verfehlt ihre Wirkung nicht, insbesondere auf die Fürstin, und Fürst Anton stellt unter dem Einfluß der Tränen seiner Gattin im Namen seines abwesenden Sohnes die Abdankungserklärung desselben aus, die sofort der spanischen Regierung, nach Paris dem spanischen Botschafter und einigen größeren deutschen Zeitungen telegraphiert wird. Dies alles geschieht am 11. abends, geraume Zeit bevor König Wilhelm den vom 12. datierten Bericht des Obersten Strantz erhalten konnte.

Am 12. morgens präsidierte in Paris der Kaiser in einem Ministerrate, als der Botschafter Olozaga sich zur Audienz meldet und die gute Nachricht ihm unter Diskretion mitteilt.

Napoleon sagt nichts seinen Ministern, die einfach soviel beschließen, daß sie über die neuerliche Bitte von Benedetti noch einen Tag mit ihrer entscheidenden Entschließung zuwarten und Gramont anweisen, daß er dies Benedetti zur Kenntnis bringe und wiederholt die Erwirkung einer solchen Lösung betreibe, wobei die Beteiligung König Wilhelms an dem Verzichte, wenn auch nicht aus einer positiven Erklärung, so doch aus den Tatsachen in augenscheinlicher Weise gefolgert werden könne. Auf dem Wege in die Kammer der Abgeordneten am 12. frühzeitig nachmittags erhält Ollivier von der Polizei die Abschrift der für Olozaga bestimmten Depesche. In der beseligenden Meinung, daß hiemit Frieden sei, stürmt er nach Hause, dies seiner Frau zu sagen. Kaum gelangt er in die Kammer, als ihn Olozaga auf dem Korridor aufsucht, ihm vor zahlreichen Zeugen den Originaltext der Depesche vorweist und sie zur Mitteilung an Gramont in das Ministerium des Äußern mitnimmt. Diese Begegnung erregt allgemeines Aufsehen. Man umgibt, man bestürmt Ollivier mit Fragen, welcher der Stimmung des Augenblickes nicht widerstehen kann und die bei ihm befindliche Abschrift vorliest. Er erklärt auch dort, daß er den Frieden für gesichert hält, worauf sich ein großer Teil der Menge zerstreut und auf die Börse rennt, um diese Nachricht zu eskomptieren.

Ein angesehenes Mitglied der Kammer, Gressier forscht Ollivier weiter aus, was geschehen werde. „Was auch immer geschehe," antwortet dieser, „ich lasse keine neue Komplikation aufkommen, ich lasse den Frieden meinen Händen nicht entwinden."

„Sie tun sehr gut," antwortet jener, „es wird eine patriotische Tat sein, Sie werden aber darüber stürzen." Die Kriegspartei erwacht jedoch aus ihrer Überraschung und bringt schon in der nächsten Stunde eine Interpellation ein in Ansehung der von der preußischen Regierung zu fordernden Garantien.

Diese erregten Szenen dauern noch aufs beste fort, als Ollivier den Brief des Kaisers Napoleon erhält. Jetzt teilt ihm der Kaiser die friedliche Nachricht mit und fügt bei, es müsse bei der Publikation derselben zum Ausdrucke gelangen, daß der Rücktritt des Prinzen über Einflußnahme (injonction) des Königs erfolgt sei. „Das Land wird sich zwar in seiner Erwartung täuschen," setzt der Kaiser hinzu, „wir können aber nichts dafür."

Ollivier, der durch die eigenmächtige, übereilte Mitteilung der Depesche die Erfüllung des Wunsches des Kaisers unmöglich gemacht hat, begibt sich zu diesem. Auf dem Wege begegnet ihm Thiers, der ihm sagt, man möge sich nunmehr ruhig verhalten. „Seien Sie ganz beruhigt," antwortet Ollivier und eilt zum Kaiser. Mit diesem ist er darüber einverstanden, daß in der Sitzung vom selben Tage keine offizielle Erklärung abgegeben werden kann.

Es wird ein Ministerrat auf 9 Uhr des anderen Tages einberufen und vereinbart, daß vor diesem Ministerrate kein entscheidender Schritt gemacht wird. Von hier geht Ollivier zum Minister des Äußern. Diesen findet er mit Werther im Gespräche, in welches er auch einbezogen und das zu dreien fortgesetzt wird. Gramont konzentriert sein Bestreben dahin, daß die Abdankung als Rückzug des preußischen Königs gedeutet werden könne und regt während der Gliederung der Schwierigkeiten der Frage den Gedanken an, König Wilhelm wolle zum Ausdrucke bringen, daß sein Vorgang keine beleidigende Tendenz gehabt habe und daß er auf das intime gute Verhältnis zwischen den beiden Nationen Gewicht lege. Indem er diesen Gedanken fortspinnt, gelangt er auf die unglückliche Idee, daß dies in einem von dem Könige an Napoleon gerichteten Briefe Ausdruck finde und bringt den Entwurf eines solchen, wenn auch nicht um Verzeihung bittenden, aber reparierenden Briefes zur Kenntnis. Werther ist genug schwach, der Überredung der zwei Franzosen zu weichen und depeschiert ihre Propositionen nach Ems und Berlin. Zur Berichterstattung über dies alles begibt sich in den Abendstunden Herzog Gramont zu dem Kaiser nach St. Cloud.

Der Kaiser hat Paris in der friedlichsten Stimmung verlassen. „Alles ist erledigt, dies ist für mich eine große Erleichterung," sagt er seinen Offizieren. Unmittelbar vor seiner Ausfahrt empfängt er Nigra und unterrichtet auch ihn über den Frieden und darüber, daß von einer sonstigen Forderung keine Rede sei. Auf Grund dieser Informationen weist der Kriegsminister seine Abteilungsvorstände zur Einstellung von allerlei Vorbereitungen an und der Kaiser sagt auch unterwegs seinem Adjutanten Burbaki, daß der Krieg Wahnsinn wäre.

Bei seiner Ankunft in St. Cloud findet er den Hof und vor allem die Kaiserin in der größten Aufregung und Entrüstung. Seine treuesten Soldaten empfangen ihn mit zornigen Blicken, mit gerunzelter Stirne und die Kaiserin überhäuft ihn mit Vorwürfen. In diesem Augenblicke langt Gramont an, den die neue Wendung der Dinge gleichfalls unangenehm berührt. Wie wir gesehen haben, hat er schon in der Regierungserklärung vom 6. Preußen verantwortlich gemacht und dahin gestrebt, daß dieses Inzidens mit der Niederlage, dem Rückzuge und der Demütigung der preußischen Regierung ende. Unter dem Einflusse der Ereignisse und der stets erregter werdenden Pariser Stimmung steigert sich diese Sehnsucht in ihm von Stunde zu Stunde und jetzt tritt plötzlich die Abdankung des Prinzen in einer Weise ein, wobei die Rolle des preußischen Königs ganz in den Hintergrund gedrängt wird.

In solchem Seelenzustande reißt die Stimmung des Hofes ihn und den Kaiser fort und ohne jede Befragung der übrigen Minister depeschiert er Benedetti, es sei unbedingt notwendig, daß der König der Abdankung beipflichte und die Zusicherung gebe, er werde die Kandidatur neuerlich nicht zulassen. Nach Absendung dieser Depesche spät abends trifft Ollivier Gramont, erfährt von ihm das Geschehene und als Vereinbarung beider geht eine neue Depesche an Benedetti ab, die aber die Weisung nur einigermaßen mäßigt, jedoch nicht wesentlich ändert.

In Ems vergehen der 11. und 12. ohne jedes Ereignis von entscheidender Bedeutung. Am 11. versuchte Benedetti in langer Audienz neuerlich drängend, den König zur Änderung seines Standpunktes zu veranlassen, der aber unerschütterlich bei dem am 9. Gesagten verharrt und die drängenden und ungeduldigen Forderungen der französischen Regierung in ziemlich entschiedenem Tone zurückweist.

Dies alles ist aber zwischen den Formen der Höflichkeit, ja sogar des freundschaftlichen Verkehres geschehen. Man verabschiedete sich damit, daß der König den Botschafter verständigen werde, sobald er über die Hohenzollern sichere Nachricht habe und dies wiederholt er mehrmals im Verlaufe der zwei Tage. Das Gerücht der Abdankung des Prinzen beginnt sich zwar schon am 12. in Ems zu verbreiten, aber noch abends 6 Uhr läßt der König sagen, daß er am Morgen des folgenden Tages über den Entschluß des Prinzen authentische Nachricht erwarte und sie sodann dem Botschafter werde mitteilen können.

Spät abends erhält Benedetti die auf die Garantien bezügliche neue Weisung. Wie sehr er sie auch mißbilligt, wie sehr er auch die Folgen fürchtet, er wagt nicht, gegen diese in Paris zu remonstrieren und bereitet sich für die Audienz vom 13. vor. Am Morgen zur frühen Stunde schickt ihm der König die Nummer der „Kölnischen Zeitung", welche die positive Nachricht des Rücktrittes enthält. Sodann begegnet er dem Prinzen Radziwill, dem Flügeladjutanten des Königs, welchen er um die Erwirkung einer Audienz bittet, nachdem er eine neuerliche Bitte vorbringen müsse. Mittlerweile trifft er den König auf der Promenade, der auf ihn zueilt und seiner Freude über die Erledigung der Frage Ausdruck verleiht. Benedetti wiederholt seine die Audienz betreffende Bitte. „Wie denn," sagt Wilhelm, „Sie haben noch immer etwas mitzuteilen?" und zeigt sichtliche Erregung, als der Botschafter anstatt der erwarteten Danksagung mit der Forderung der Garantien hervortritt. Auf der Promenade entwickelt sich das Gespräch zwischen den beiden. Der König bewahrt seine Ruhe, hört die französische Forderung, würdigt sie einer erschöpfenden Antwort, weist sie aber ganz entschieden zurück. Unter einem erklärt er, daß er die Abdankungserklärung des Prinzen noch immer nicht in der Hand habe, und sobald er sie erhalten haben werde, werde er sie ihm mitteilen, woraus Benedetti die Hoffnung schöpft, daß er nachmittags den Gedankenaustausch werde fortsetzen können.

Nachmittags 2 Uhr sucht ihn Prinz Radziwill mit der Botschaft des Königs auf, die den offiziellen Rücktritt des Prinzen Leopold mitteilt. Benedetti verlangt neuerlich eine Audienz vom Könige, der Radziwill mit der Antwort zurückschickt, er billige die Abdankung des Prinzen, bezüglich der Zukunft übernehme er keine Verpflichtung und deshalb sehe er die Notwendigkeit eines weiteren Gedankenaustausches nicht ein. Als aber Benedetti auch hierauf mit der Wiederholung seiner Bitte antwortet, verweigert er endgültig die Audienz mit dem Bemerken, er habe seinen bisherigen Erklärungen nichts hinzuzufügen.

Zur selben Zeit, als in Ems diese Ereignisse von entscheidender Bedeutung geschehen, nimmt die Sache in Paris noch einmal gewissermaßen eine friedliche Wendung. Am 13. morgens 9 Uhr beschäftigt sich der Ministerrat mit der Frage. Marschall Le Bœuf erlangt erst dort Kenntnis von der am vorangegangenen Abend eingetretenen neuerlichen kriegerischen Wendung. Er verliert ganz seine Selbstbeherrschung, bricht in Zorn aus und erklärt, daß er jede kriegerische Vorbereitung eingestellt habe und daß eine solche Kopflosigkeit das Land ins Verderben stürzen könne. Er verlangt, daß er zur sofortigen Mobilisierung ermächtigt werde.

Nach langer Beratung gewinnt die friedlichere Strömung die Oberhand. Es wird beschlossen, daß die Garantieforderung als kein Ultimatum betrachtet wird und in dem

Falle, wenn König Wilhelm sie ablehnen oder in einer zweifellos entschiedenen Erklärung den Rücktritt des Prinzen billigen würde, dies als friedliche Lösung der Sache angenommen und die auf die Garantien bezügliche Forderung fallen gelassen werden würde.

Es ist unglaublich, daß Benedetti von diesem Entschluß nicht verständigt und nicht alles getan wird, daß die leichtsinnig aufgeworfene, provozierende Forderung nicht gestellt oder, wenn man sich damit schon verspätet hat, widerrufen werde, bevor sie die preußische Regierung zur Schaffung irreparabler öffentlicher Tatsachen veranlassen könnte. Im Gegenteile, auch abends 7 Uhr depeschiert noch Gramont an Benedetti: er solle noch einen letzten Versuch machen, daß er in irgendwelcher Form von dem König eine auf die Zukunft bezügliche Erklärung erzwinge. „Zar Alexander unterstützt mich wärmstens," schreibt er ihm, obzwar der Zar nur im ersten Stadium der Sache im Interesse des Rücktrittes des Prinzen interveniert, die Aufwerfung der Garantien aber mit größter Entrüstung aufgenommen hat. Ein Minister, welcher in solcher Zeit seinen mit der Verhandlung betrauten Botschafter irreführt!

Nur in der französischen Kammer gibt die Regierung einer der Änderung ihres Standpunktes entsprechende Erklärung ab: „Der Botschafter Spaniens hat uns den Rücktritt des Prinzen Leopold von Hohenzollern von der Kandidatur auf den spanischen Thron amtlich mitgeteilt. Unsere Verhandlungen mit Preußen, welche nie ein anderes Ziel gehabt haben, sind noch nicht abgeschlossen, wir sind daher nicht in der Lage, daß wir das Haus über den Stand der Sache eingehender orientieren können.

Auf diese Worte bricht der Sturm auf der bonapartistischen rechten Seite aus und ihr führendes Mitglied David meldet eine neuere Interpellation an, welche unter tosendem Lärm der Kriegspartei für den 15. auf die Tagesordnung gesetzt wird.

Spät abends empfangen die Mitglieder der Regierung den über die Ereignisse vom 13. resumierenden Bericht von Benedetti. Derselbe macht auf sie keinen schlechten Eindruck. Es ist wahr, daß ihre Forderung wegen der Garantien entschieden abgelehnt werde, der König hat aber klar hervorgehoben, daß er den Entschluß des Prinzen billige. Nach dem Beschluß in der Frühe erschien also noch ein Weg zur friedlichen Austragung der Sache möglich.

Mittlerweile hat aber ein Faktor in die Räder der Ereignisse eingegriffen, welcher diese längst erwartete Gelegenheit nicht mehr entschlüpfen lassen wird und die Leiter des Schicksals der französischen Nation mit eiserner Faust zwingt, die Folgen ihrer leichtsinnigen, verblendeten, schwankenden Politik zu tragen.

Bismarck trifft die Nachricht der Publikation der spanischen Kandidatur in Varzin und bis zur letzten entscheidenden Wendung der eintretenden Krise deutet kein Zeichen auf seine Teilnahme. Es kann kein Zweifel obwalten: bewußt handhabt er die Sache so, daß jedes Moment den Standpunkt rechtfertige, daß König Wilhelm als Herrscher und die preußische Regierung dieser Unternehmung ferne stehen.

Es ist zweifellos, daß die ganze Sache sein Werk ist. Ob sie zuerst ihm eingefallen ist oder den verzweifelt einen König suchenden Spaniern, ist ungewiß, aber schließlich eine weniger wesentliche Detailfrage. Darüber können wir aber nicht im Zweifel sein, daß aus der Kandidatur ohne seine wiederholt entscheidende Intervention nichts geworden wäre. Er steht mit den einzelnen Faktoren des spanischen öffentlichen Lebens im Verkehre. Seit dem Frühling 1869 schickt er seine Vertrauten dorthin, teils zur Aufrechthaltung dieses Verkehrs, teils zur Beschaffung solcher Informationen, mit deren Hilfe er die Weigerung der Hohenzollern überwinden könne. Diese letztere Aufgabe ist die schwierigste. Angefangen vom Könige, welcher auch im Monate Februar 1870 verdrossen Kenntnis erlangt, daß die Frage neuerlich auf die Tagesordnung gelangt und dem noch am 12. Juli auf die Nachricht vom Rücktritte Leopolds „ein Stein vom Herzen fällt", muß Bismarck auch beide Prinzen selbst im Interesse des Projektes wiederholt intervenieren.

Diese seine Tätigkeit ist aus den an die Königin geschriebenen Briefen des Königs Wilhelm und aus der Korrespondenz des rumänischen Fürsten Karl klar ersichtlich. Als im Monate Mai 1870, da die Abdankung sowohl des Prinzen Leopold, als auch Friedrichs endgültig abgetan schien, der erstere wieder zu schwanken beginnt, teilt ihr Vater, Fürst Anton, diese Tatsache mit der Bitte dem preußischen Kronprinzen mit, dies zur Kenntnis Bismarcks zu bringen. Bismarck schreibt dem Fürsten sofort, eifert ihn an, daß er seine Bedenken im Interesse Deutschlands überwinde. Am 4. Juni erhält Fürst Karl die Verständigung, daß sein Bruder die spanische Krone annimmt, nachdem er an der maßgebenden Stelle überzeugt wurde, daß dies das Staatsinteresse verlange. Sonach wäre es gewiß unmöglich, zu behaupten, daß die Hohenzollernkandidatur nicht das Werk Bismarcks sei. Dazu müßte man aber wahrlich ein Stubengelehrter sein, um sich in Kopfzerbrechen darüber einzulassen, was Bismarck durch die Kandidatur erreichen wollte.

In einer für den König bestimmten Denkschrift schildert er selbstverständlich die vorteilhaften Folgen der Besitzergreifung des spanischen Thrones. Er erörtert, welche volkswirtschaftliche, politische und militärische Vorteile es für Deutschland hätte, wenn ein Mitglied der Familie Hohenzollern den spanischen Thron innehaben würde. Es ist selbstverständlich, daß er sich in dieser Denkschrift mit der Seite der Frage nicht beschäftigt, ob dieselben Vorteile die Lage für Frankreich unerträglich machen würden und ob diese Unternehmung die Gefahr eines preußisch-französischen Krieges heraufbeschwören könnte. Wie wenig Aufmerksamkeit auch die französische Regierung dieser Frage zuzuwenden schien, wie unbestimmt auch ihre in diesem Belange seit Frühjahr 1869 unternommenen Schritte sind, konnte doch jeder Laie, der die Auffassung des französischen Volkes und der französischen Regierung auch nur halbwegs kennt, darüber im Klaren sein, daß diese Kandidatur den Krieg fast unvermeidlich mache.

Wir können darüber nicht zweifeln; wenn Bismarck mit solchem Eifer und solcher Zähigkeit an der Verwirklichung dieses Projektes festhielt, hat er es deshalb getan, weil er Frankreich vor die Alternative stellen wollte, ob es an seinen westlichen Grenzen eine solche Gestaltung dulde, welche für Deutschland eine wesentliche Stütze wäre und für den Fall eines französisch-deutschen Krieges die französische Position schwäche und welche die Spanien gegenüber Jahrhunderte alte Ambitionen besitzende französische Nation als Niederlage, Schande und Insulte betrachten werde oder ob es unter ungünstigen Verhältnissen den Krieg gegen Spanien und Deutschland beginne.

Zum vollen Erfolg dieses Projektes hätte gehört, daß es bis zum Beschluß der spanischen Cortes ein Geheimnis geblieben wäre. Hierauf hätte die staunende Welt erfahren müssen, daß Spanien einen preußischen König hat.

In Einvernahme mit Prim hat Bismarck den Fürsten Anton und König Wilhelm daran verhindert, daß sie das Projekt früher Napoleon mitteilen sollen, weil er Frankreich schon mit dieser ersten Nachricht vor ein solches fait accompli stellen wollte, welches ausschließlich als souveräner Entschluß der spanischen Nation erscheint und welchem die preußische Regierung gänzlich ferne steht. Er hätte dies also entweder hinnehmen oder Spanien den Krieg erklären müssen, in welchem Falle die Ehre Preußens verlangt haben würde, daß es dieser in seiner Unabhängigkeit angegriffenen Nation zu Hilfe eile.

Wie wir gesehen haben, ist das Projekt nur teilweise gelungen. Infolge einer Indiskretion ist die Sache ausgesprengt worden und die französische Gegenaktion konnte in einem solchen Stadium derselben einsetzen, da die spanische Nation als solche noch keine Stellung genommen hatte und die ganze Sache als abenteuerliche Unternehmung von ein, zwei spanischen Politikern und der Prinzen Hohenzollern betrachtet werden konnte.

Bismarck hält auch in dieser geänderten Situation an seiner gut durchdachten Rolle fest. Er bleibt in Varzin, verschließt sich vor dem unmittelbaren Verkehr. Seine schon am 4. Juli Thile erteilte Antwort ist auch ein deutliches Zeichen, daß dieser für jede Eventualität mit der gehörigen Weisung versehen war. Am 6. Juli erfolgt die französische Regierungsäußerung. Bismarck gibt auch hierauf kein Lebenszeichen. Nur durch Thile läßt er das oberwähnte kurze Rundschreiben ergehen.

Noch am 8. schreibt er an Thile: „Die französische Deklaration ist noch schroffer und präpotenter, als ich geglaubt habe. Ich protestiere aber deshalb offiziell gegen sie nicht."

Unbeweglich, mit Nerven, die bis zum Zerreißen gespannt waren, lauert er auf die Nachrichten von Ems. Er weiß, daß der König kein Anhänger der Idee war, er kennt seine Friedensliebe, er zittert, daß er den Franzosen gegenüber irgend welche Zuvorkommenheit bekunde, welche nach der öffentlichen Provokation der französischen Regierung demütigend wäre. Am 9. bittet er den König telegraphisch, sich mit Benedetti in keine Verhandlungen einzulassen, diesen an ihn zu weisen; am 11. kann er sich aber nicht mehr meistern und läßt ihn wissen, daß seine Gesundheit die Reise nach Ems schon gestatte. Auf die hierauf erfolgende Berufung des Königs reist er am 12. dorthin ab. Abends bei seiner Ankunft in Berlin erhält er dort die Nachricht vom Rücktritt des Prinzen Leopold. Er unterbricht seine Reise. Er glaubt, daß jetzt alles gegenstandslos sei; das Spiel ist verloren. Die vorzeitig explodierte Mine hat ihn selbst verwundet und er beschäftigt sich mit dem Gedanken der Demission. Er schickt den Minister des Innern Eulenburg mit der Bitte nach Ems, den Weg seiner Demission zu ebnen. Am 13. wartet er in Berlin auf weitere Nachrichten. Dort erhält er den Bericht Werthers, der ihm die auf den erläuternden Brief des Königs bezügliche Proposition der französischen Regierung übermittelt.

Wie wir gesehen haben, hat Werther diese Idee sowohl in Ems, als in Berlin zur Kenntnis gebracht. Nirgends verfehlt sie ihre Wirkung. Der König spricht von ihr mit Benedetti gelegentlich des Gedankenaustausches am 13. mit staunenswerter Selbstbeherrschung kein Wort, aber in dem seiner Gemahlin geschriebenem Briefe läßt er seiner gerechten Entrüstung freien Lauf. „Hat man jemals eine größere Unverschämtheit gesehen," schreibt er der Königin. „Es ist verdrießlich, daß Werther seinen Standort nicht sofort verlaſſen hat." Dem letzteren depeſchiert er, daß er über die beleidigende Vorausſetzung empört iſt. Bismarck tritt in dieſem einzigen Falle aus ſeiner Reſerve heraus und depeſchiert Werther, daß er die mündlichen Äußerungen der franzöſiſchen Miniſter ſicherlich mißverſtanden habe. „Solche Propoſitionen halte ich für vollſtändig unmöglich und als verantwortlicher Miniſter werde ich ſie Seiner Majeſtät nicht unterbreiten. Wenn die franzöſiſche Regierung ſolche Mitteilungen hat, ſo vertraue ſie dieſelben ihrem Botſchafter an." Unter einem weiſt er Werther an, daß er ſofort Urlaub verlange und Paris verlaſſe.

Abends ſpeiſt er zu Dreien mit Roon und Moltke. Die Ereigniſſe der letzten Tage haben auch ſie nach Berlin gebracht. Die franzöſiſche Regierungserklärung hat Moltke in Zweifel verſetzt. „Es muß ſo ſein," ſagt er dem belgiſchen Geſandten Nothomb, „daß ich ſchlecht informiert werde, weil es Wahnſinn wäre, was dieſe Menſchen machen, wenn ſie tatſächlich ſolche ſchwache Armeeſtände und Kriegsbereitſchaften hätten, als wir es glauben." Ungeachtet dieſes beunruhigenden Gefühles vertrauen beide vollſtändig dem Erfolge der preußiſchen Waffen und vernehmen erbittert die friedliche Wendung. Sie ſitzen bei Tiſch, als folgende Depeſche Abekens, des Sekretärs des königlichen Kabinetts eingelangt iſt:

„Seine Majeſtät ſchreibt mir: Graf Benedetti fing mich auf der Promenade ab, um zuletzt auf zudringliche Art von mir zu verlangen, ich ſolle ihn autoriſieren, ſofort zu telegraphieren, daß ich für alle Zukunft mich verpflichte, niemals wieder meine Zuſtimmung zu geben, wenn die Hohenzollern auf ihre Kandidatur zurückkämen. Ich wies ihn zuletzt etwas ernſt zurück, da man à tout jamais dergleichen Engagements nicht nehmen dürfe, noch könne. Natürlich sagte ich ihm, daß ich noch nichts erhalten hätte und da er über Paris und Madrid früher benachrichtigt sei als ich, er wohl einsehe, daß mein Gouvernement wiederum außer Spiel sei!" Seine Majestät hat seitdem ein Schreiben des Fürsten bekommen. Da Seine Majestät dem Grafen Benedetti gesagt, daß er Nachricht vom Fürsten erwarte, hat Allerhöchstderselbe mit Rücksicht auf die obige Zumutung auf des Grafen Eulenburg und meinen Vortrag beschlossen, den Grafen Benedetti nicht mehr zu empfangen, sondern ihm nur durch einen Adjutanten sagen zu lassen: daß Seine Majestät jetzt vom Fürsten die Bestätigung der Nachricht erhalten, die Benedetti aus Paris schon gehabt, und dem Botschafter nichts weiter zu sagen habe. Seine Majestät stellt Euer Exzellenz anheim, ob nicht die neue Forderung Benedettis und ihre Zurückweisung sogleich sowohl andern Gesandten als in der Presse mitgeteilt werden sollte."

Aus dieser Depesche hat Bismarck ohne jede Änderung, aber mit Weglassungen, welche den Ton und die Wirkung des Ganzen gründlich umgestaltet haben, die veröffentlichte Emser Depesche gemacht.*)

Diese letztere lautet: „Nachdem die Nachrichten von der Entsagung des Erbprinzen von Hohenzollern der kaiserlich französischen Regierung von der königlich spanischen amtlich mitgeteilt worden sind, hat der französische Botschafter in Ems an Seine Majestät die Forderung gestellt, ihn zu autorisieren,

---

*) Anmerkung des Übersetzers: Über die Wirkung, welche die umgearbeitete Depesche auf Moltke und Roon geübt hat, vgl. Bismarcks Gedanken und Erinnerungen, II. Band, S. 91—92. Über die Beschuldigung der Fälschung, vgl. Paul Lindau „Erinnerungen an Bismarck", „Neue Freie Presse", Osterbeilage zur Nr. 18181 vom 4. April 1915, Seite 31—45 (Feuilleton), ferner derselbe in der „Neuen Freien Presse" vom 29. Juni 1915, Nr. 18265 Morgenblatt (Feuilleton) und Richard Fester „Die Genesis der Emser Depesche", Berlin 1915.

daß er nach Paris telegraphiere, daß Seine Majestät der König sich für alle Zukunft verpflichte, niemals wieder seine Zustimmung zu geben, wenn die Hohenzollern auf diese Kandidatur zurückkommen sollten. Seine Majestät der König, hat es darauf abgelehnt, den französischen Botschafter nochmals zu empfangen und demselben durch den Adjutanten vom Dienst sagen lassen, daß Seine Majestät dem Botschafter nichts weiter mitzuteilen habe."

Das Kommuniqué ist spät abends in Extraausgaben der Blätter schon in den Straßen Berlins erschienen, die Telegramme gingen nach allen Weltgegenden ab und waren am anderen Tage in den Händen der preußischen Gesandtschaften.

Über dies alles konnte die französische Regierung am 14. morgens noch keine Kenntnis haben. Wie wir gesehen haben, waren die letzten Impressionen vom 13. nicht ganz hoffnungslos. Die kriegerische Stimmung des Hofes ist nicht geschwunden, aber auch dort war bezüglich des Weiteren Ungewißheit eingetreten. Diese Ungewißheit spiegelt sich auch in dem Verhalten Gramonts wieder, der in den Botschaften König Wilhelms die Elemente der Verständigung erblickt, während Ollivier ganz entschieden für den Frieden ist und als der mit ihm auf vertraulichem Fuße stehende Journalist Mitchell am 14. morgens Information bezüglich des Weiteren verlangt, sagt er ihm: „Sowohl Prim als der preußische König haben den Verzicht akzeptiert, die Frage der Garantien lassen wir fallen. Eine neuere Frage werfen wir nicht auf, jetzt ist schon wirklich alles erledigt." Bei seiner Rückkehr von diesem Besuche begegnet Mitchell Cassagnac und erzählt ihm die gute Nachricht. „Bist Du davon überzeugt?" antwortet der letztere. „Mein Vater war jetzt beim Kaiser und, Gott sei Dank, der Krieg ist beschlossen."

Ollivier schickt sich an, die in der Sitzung des nächsten Tages abzugebende Regierungserklärung zu textieren, aber kaum beginnt er die Arbeit, als Gramont mit den Worten hereinstürzt: „Mein Lieber, hier steht ein geohrfeigter Mensch vor Ihnen", und zeigt ihm die von Le Sourd spät abends in Berlin aufgegebene Depesche, worin dieser die Veröffentlichung der Emser Depesche und die hiedurch in der preußischen Hauptstadt entstandene kriegerische Stimmung zur Kenntnis bringt. Sie verlangen sofort einen Ministerrat vom Kaiser. Dieser versammelt sich um halb 1 Uhr und beratschlagt stundenlang über die Ereignisse. Es ist wunderlich, daß dieselben unglücklichen Menschen, die durch ihr provozierendes Verhalten die Chancen der für Frankreich glänzenden, friedlichen Entwirrung so verspielt haben, jetzt im letzten Augenblicke, als wenn sie zum Bewußtsein der Gefahren erwachen würden, zu schwanken beginnen und inmitten einer verworrenen Beratung die letzte Möglichkeit des Friedens suchen. Sie müssen einsehen, daß kein Rückzug mehr ohne Schande möglich ist und Le Boeuf entfernt sich um 4 Uhr aus dem Ministerrate, damit er die Mobilisierungsordre erlasse.

Nach seiner Entfernung wird der Gedankenaustausch fortgesetzt. Gramont, der überkampflustige Gramont, wirft die Idee der internationalen Konferenz auf. Nach langer Diskussion, über welche Ollivier mit dem jämmerlichen Bemerken berichtet, daß „ich nach der Behauptung meiner Kollegen mich zu den bewunderungswürdigsten Betrachtungen emporgeschwungen habe", kommt man in einer Erklärung überein, welche zu besagen habe, daß durch die Erklärung des Königs die Angelegenheit der Hohenzollernkandidatur bezüglich der Gegenwart befriedigend erledigt wurde; was aber die Zukunft anbelangt, wird die Annahme des Grundsatzes, daß kein Mitglied des Herrscherhauses eines großen Staates den Thron eines anderen Staates besteigen könne, einer europäischen Konferenz unterbreitet. Dies wird also nach der Berliner „Ohrfeige" beschlossen und abends wird nur noch über Verlangen des Kriegsministers ein Ministerrat abgehalten, welcher unbedingt fordert, daß jetzt in Sachen der Mobilisierung ein endgültiger Beschluß gefaßt werde.

Abends tritt neuerlich eine kriegerische Wendung ein. Man beginnt einzusehen, daß nach den letzten Ereignissen die friedliche Lösung unmöglich sei und daß die französische Kammer die Regierung wegfegen würde, wenn sie diese unterbreiten würde. Die abends eingelangten Depeschen bestärken sie endgültig in dieser Auffassung. Die Gesandten sowohl in Bern, als in München teilen mit, daß der Gesandte des norddeutschen Bundes das Emser Kommuniqué der Regierung des betreffenden Staates zur Kenntnis gebracht habe. Hiemit betrachten sie die bewußte, beabsichtigte Beleidigung des Vertreters des französischen Staates als vollendete Tatsache und, hierauf gestützt, beschließen sie den Krieg.

Am 15. morgens halten sie nur behufs Feststellung des Textes der abzugebenden Erklärung einen Ministerrat ab. Mittags wird diese in der Kammer verlesen und eine Vorlage betreffend einen Kredit von 50 Millionen unterbreitet, welche die Kammer noch am Abend desselben Tages annimmt.

Wir befassen uns nicht eingehend mit dem Inhalte der Erklärung, weil, welch interessante Beispiele der Oberflächlichkeit und der Täuschungen der französischen Regierung darin auch enthalten seien, diese auf die Ereignisse selbst keinen entscheidenden Einfluß geübt haben. Sie malen die

Ereignisse und ihren Standpunkt in ganz überflüssiger Weise aus, weil ja der Krieg schon unvermeidlich gewesen ist und die Stimmung der überwiegenden Mehrheit der französischen Kammer sie zum Kriege gezwungen, genötigt hat. Thiers ist der einzige, der mit männlichem Mute und mit der ängstlichen Weisheit des Staatsmannes und Patrioten sich der Strömung widersetzt und unbekümmert um die auf ihn einstürmenden Beschimpfungen die Regierung und das Land um nüchterne Erwägung bittet.

Unter der Wirkung seiner Worte besteigt Ollivier zweimal die Tribüne. Bei der ersten Gelegenheit begnügt er sich mit den billigen Lorbeeren einer zündenden Deklamation. Später, als er wahrnimmt, daß ein Teil der Kammer eingehende Aufklärungen wünscht, verliest er die Depeschen Benedettis vom 13. aber mit Weglassung des folgenden Passus. „Der Adjutant hat mich im Namen Seiner Majestät auch wissen lassen, daß der König seine volle und vorbehaltlose Gutheißung zur Abdankung des Prinzen von Hohenzollern erteilt hat." So verdunkelt er vollständig die Tatsache von entscheidender Bedeutung, daß im Wesen der Sache selbst, d. h. nicht nur in der Abdankung des Prinzen, sondern auch in der Frage der königlichen Gutheißung der französische Wunsch gewürdigt wurde und nur die nachträglich aufgeworfene beleidigende Forderung der Garantien den Konflikt unvermeidlich gemacht hat.

Die Kammer wählt einen Ausschuß zur vorherigen Beratung des unterbreiteten Gesetzentwurfes und dieser Ausschuß verlangt in seiner abends 6 Uhr abgehaltenen Sitzung von der Regierung weitere Aufklärungen. Ihre erste Frage betrifft die Kriegsbereitschaft, auf welche Le Boeuf einfach damit erwidert, daß er fertig sei und daß er, falls er keine Zeit verlieren würde, über das Ergebnis Aufklärung erteilen würde.

Gramont kommt verspätet zur Sitzung. Ihn fragt man zuerst: „Ist es wahr, daß die Regierung während der Verhandlungen mit neuerlichen Forderungen hervorgetreten ist?" Gramont verliest darauf ohne Erwähnung der Zahl und des Datums der Depeschen aus denselben einzelne herausgerissene Details und führt mit diesen den Ausschuß derart irre, daß dieser in einem Berichte behauptet, Benedetti sei schon in der ersten nach Ems abgegangenen Depesche angewiesen worden, dem Wunsche Ausdruck zu verleihen, der König wolle der Abdankung des Prinzen beipflichten und Frankreich versichern, daß er diese Kandidatur für die Zukunft nicht gestatten werde. Gestützt auf dieses Zitat, welches aus der erst am 12. nach der Mitteilung der Abdankung des Prinzen abgegebenen Depesche entnommen wurde, sagt der Ausschuß: „Wir sehen also, meine Herren, daß die Regierung vom Beginne des Zwischenfalles bis zur letzten Phase desselben loyal stets dasselbe Ziel zu erreichen gewünscht hat."

Ihre letzte Fragen: „Kann man auf Bundesgenossen hoffen?" Einem Manne, welcher von Wahrheitsliebe und Verantwortlichkeit der mit dem Schicksale von Nationen spielenden Menschen nur irgend welchen Begriff hat, jagt die Antwort Gramonts das Blut ins Gesicht: „Ich war deshalb genötigt, den Ausschuß warten zu lassen, weil ich den Besuch des österreichischen und italienischen Botschafters empfangen mußte. Ich hoffe, daß der Ausschuß sonach keine weiteren Fragen an mich richten werde."

Dies hat jener Mensch zu antworten gewagt, welcher die Vergeblichkeit der Hoffnung auf Verbündete so sehr gekannt hat, daß er nicht einmal einen ernsten Schritt für die Sicherung derselben getan hat und der aus den wiederholten kategorischen Erklärungen sowohl der österreichischen Regierung, als des italienischen Ministers des Äußern gewußt hat, daß von einem Bündnisse mit ihnen keine Rede sein kann.

Ich wiederhole, dies alles war eine ganz überflüssige Tat; sie charakterisiert traurig die Betreffenden, hat aber auf die Ereignisse keinen Einfluß geübt. Die große Kraftprobe der Völker, die große Abrechnung war unvermeidlich geworden. Der Würfel war gefallen, das Werk des Staatsmannes war beendet. Jetzt folgten der Heerführer und das bewaffnete Volk. Die Entscheidung hat die größere physische, geistige und sittliche Kraft des deutschen Volkes, vor allem aber seine bessere Kriegsorganisation herbeigeführt. Daß aber diese Nation so befreit, so geeint, so organisiert im Augenblicke der Entscheidung ihre ganze Kraft in die Wagschale des Schicksals werfen konnte, war in erster Reihe das Werk jenes großen Staatsmannes, der vom ersten Beginne seiner öffentlichen Laufbahn mit der Voraussicht des Propheten, mit dem kalten, analysierendem Verstande des Naturforschers, mit dem hohen Fluge und der indigenen Energie des Genies und mit der glühenden Vaterlandsliebe des Patrioten diesem großen Ziele sein ganzes Leben geweiht hat.